西方哲学大师经典精粹 ▶

叔本华：活出人生的意义

[德]阿图尔·叔本华 著

李秀霞 译

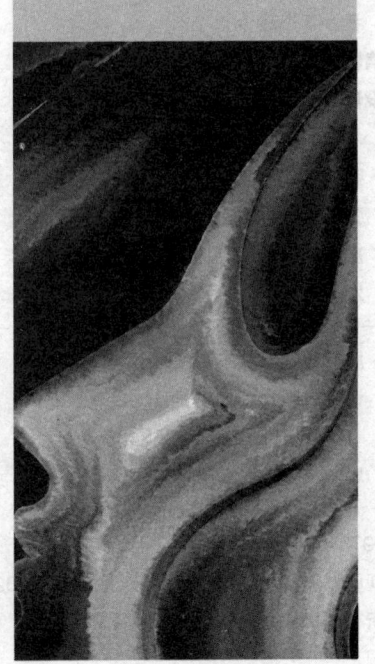

吉林出版集团股份有限公司

图书在版编目（CIP）数据

叔本华：活出人生的意义 / (德) 阿图尔·叔本华著；李秀霞译. — 长春：吉林出版集团股份有限公司，2018.3

ISBN 978-7-5581-4636-7

Ⅰ. ①叔… Ⅱ. ①阿… ②李… Ⅲ. ①叔本华（Schopenhauer, Arthur 1788-1860）—哲学思想 Ⅳ. ① B516.41

中国版本图书馆 CIP 数据核字（2018）第 008564 号

叔本华：活出人生的意义

著　者	[德] 阿图尔·叔本华
译　者	李秀霞
责任编辑	齐　琳　史俊南
封面设计	颜　森
开　本	710mm×1000mm　1/16
字　数	100 千字
印　张	14
版　次	2018 年 8 月第 1 版
印　次	2018 年 8 月第 1 次印刷
出　版	吉林出版集团股份有限公司
电　话	总编办：010-63109269
	发行部：010-69584388
印　刷	三河市龙大印装有限公司

ISBN 978-7-5581-4636-7　　　　　　　　定价：39.80 元
如出现印装质量问题，调换联系电话：010-82865588
版权所有　侵权必究

你要在这个世界上立足，就必须允许别人以自己的个性存在，让他用天性来为世界服务，不要试图改变，也不要感到愤怒。这就是"生活，也让别人生活"的真谛。

——叔本华

前　言

叔本华是德国著名哲学家，是哲学史上第一个公开反对理性主义哲学的人，他开创了非理性主义哲学的先河，他也是唯意志主义和现代悲观主义的创始人。他的理论不仅奠定了唯意志论的基础，同时对马赫主义、实用主义、生命哲学甚至弗洛伊德的精神分析学说都有一定的影响。

叔本华在不到30岁的年纪，就看透了世事人生，出版了他的不朽名著《作为意志和表象的世界》第一卷，其实，他早在25岁的时候就发表了作品《论充足理性原则的四重根》，现在看来，这也是非常经典的认识论作品。之后他又陆续发表了《论自然界的意欲》《论意欲的自由》等著作。可惜在当时并没有得到理解和赏识，甚至连批评的人都没有，整整沉寂了30多年，直到他临去世的前几年，世人才发现他的才华，他才获得应有的声誉，名噪全欧、誉满天下，成为赫赫有名的巨匠，直接或间接地影响了后世许多大哲学家、文学家、艺术家等。他是一名幸运的大家，能够在有生之年感受到自己的惊世声誉，而很多大家都是在去世之后才被世人发现的。

叔本华于 1788 年 2 月 22 日生于但泽的一个世代经商的家庭，父亲是个脾气暴躁的银行家，母亲是个爱交际的女作家，可惜叔本华继承了父亲的暴躁脾气，却没有遗传到母亲爱交际的性格，他孤僻、不合群，以至于周围的人都把他当成一个怪咖。不过他很聪明，别人需要 4 年时间学习的知识，他仅用 3 个月的时间就能全部烂熟于胸。他并不是一开始就学习哲学，而是听从父亲的安排进入商业学校学习以备继承父业，而他厌恶市侩的商业生活，想要做学问，但遭到看不起文人的父亲的坚决反对，直到他父亲去世之后，他才真正踏上了做学问的道路。他不仅学习了哲学，还涉足医学、物理学、植物学、天文学、气象学、生理学、法律学、数学、历史、音乐等学术领域，而且，他并不是简简单单的涉猎，而是认真对待，对每个领域都有独到的见解，这也是他能够看透世事人生的原因吧。

在叔本华看来，人生就是一个个意欲的集合体，智力只是为意欲服务的工具，人的一生就是在——产生一个意欲——用智力去满足自己的意欲——产生新的一个意欲——再用智力去满足自己的意欲——这样的一个无穷循环的不断追求意欲的过程中来完成。由于总是会产生新的意欲，总是有新的意欲需要自己运用智力去满足，人生总是处在贫乏的状态，因此人生就是痛苦。他一生并不得志，一直过着隐居的生活，用自己的身心去体验生活，从经验出发，直透事物的本质，致力对人生诸多问题做哲学思考，警醒世人。

  本书摘选了叔本华关于人生意义的一些作品进行重新翻译，里面的文章都独立成篇，讨论各种不同的人生话题，如生命、人格、财产、地位、人性、死亡、自杀，等等，都是触动人心、引人关注的人生话题，题材都是我们的日常生活，语言也很朴素、简单，通俗易懂，每一篇文章都言之有物，观点鲜明、清晰，我们可以清晰、形象地把握他那深邃、丰富的思想精华，也希望读者朋友在阅读后能够透察人生，活得明白、硬气。

目 录

人生的智慧

生命的性质 / 003

人格——人的自身 / 013

财产——人有些什么 / 037

地位——人所展现的表象 / 045

人的本性 / 053

劝诫与格言

人生的基本规则 / 073

了解自己 / 084

了解他人 / 090

爱与生的苦恼

性欲——生存意志的核心 / 097

恋爱与结婚 / 100

关于禁欲 / 105

死亡 / 115

生存空虚说

独立思考 / 137

自杀 / 149

以面识人 / 157

生存的虚无 / 167

天才 / 180

人生的智慧

生命的性质

亚里士多德把人生能够得到的好处分为三类——外在之物、人的灵魂和人的身体。决定凡人命运的根本差别有三点，它们是：

第一，人的自身，即专属于一个人特有的东西，包括人的外在体质和内在精神。

第二，身以外之物，指我们所有的物质财富。

第三，人所表现出来的样子，也可称之为给其他人的印象，他人对他的评价。

人的自身间相互的差别是因出生而定格的，属于人的自然属性，由此可知，人的自身的差别对人们是否幸福会产生更加根本和彻底的影响，因为，比起人的自身，后两项更多出自人的后天行为。人的自身所有的如伟大的思想和灵魂，就像是人生大树的根，有了它，树就会生长出茂盛的枝叶和丰硕的果实。

伊壁鸠鲁的第一个门徒门采多罗斯就曾在他的著作里为一个篇章冠以这样的题目："我们幸福的原因存在于我们的自身内在，而不是自身之外。"的确，一个人幸福的关键在于对自身内在的感知，因为快乐和痛苦首先是人的感情、意欲和思想的产物，它源于人自身的内在素质。而人自身之外的所有事物，都要经过人自身才能影响到人，因此它对幸福产生的是间接影响。

所以说，相同的事物和相同的环境对每一个人的影响不尽相同。不同的人对相同环境的看法、人的意识活动也不同，这与其自身内在因素有直接关系，外界事物只有在刺激他时才发挥作用。每个人的世界如何，首先取决于他对世界的理解，这个世界随个人的自身内在因素不同而形态各异。因此，不同的头脑所见的世界也不同——幸福快乐、博大精深而充满意义，或忧愁痛苦、粗俗肤浅而百无聊赖。有的人羡慕他人生活中总是妙趣横生，其实应该羡慕的是他人理解事物的独特的角度。

对事物有独特理解的人，常拥有独特的思想，他生活中每一次经历的细节都富有意义。就如苹果落地，在一个思想丰富的人看来其中有不可思议的奇妙之处，而对于肤浅、庸俗的人来说，不过是自然界无关紧要的事实而已。从歌德和拜伦创作的取材于真实事件的许多诗篇中，我们可以理解这种情形。呆笨的读者会羡慕诗人无穷无尽的奇特感受，而不是羡慕诗人伟大的、化腐朽为神奇的想象力。正如，一个事件，忧郁气质的人从中看到悲剧；在乐天派眼里是一场欢快的闹剧；而在一个麻木不仁的人看来，则是一件与己无关的自然事件。

所有的一切都源于现实生活，就是我们所经历的当下。它由主体和客体两部分组成，两者互相关联、缺一不可。不过由于主体的差异，两者面对的虽然是同一客体，但主体所认识的现实也完全不同，反之亦然。由此可见，美好的图画来自内在的意识，并靠这种意识直接感知这个世界。客体总是客观存在，唯有主体的认识所构成的世界不同，例如，有些人能在冬天预见百花争艳的暖春，并告诉我们冬天来了，春天不再遥远。

一个人的内心感觉，是最直接的真实，外在的世界不能帮助他逃脱可怜与痛苦。现实生活中，你可以拥有很多的财富、很高的地位、很重的权势，这些东西赋予了个人不同的角色：王侯、将相、富商、地主，仆人、随从，乞丐和流浪者。但是，各人的幸福并不会因外在角色的不同而产生相应的区别。相反，每个角色都充满痛苦和烦恼。幸福如此，忧虑和烦恼也一样，对不同的人，他们所忧虑的具体内容会有很大不同，痛苦和忧虑的程度也会存在差别，但这些差别不因人们地位、财富的差别而不同，对不同的角色，他们本质上大同小异。

某个事物的存在与发生要被人认识，总是要先进入人的意识，所以，首要问题显然是人的意识构成。一般情况下，主体意识比印在意识中的事物更为重要，这就是为什么本来美妙有趣的事物，被一个呆笨的意识反映，便会枯燥无味。相比之下，在简陋的牢房里，塞万提斯创作了名著《堂吉诃德》——本来简单的客体，在他伟大的思想意识加工下得到升华。可见，客体是可以改变的，而主体的本质则不然。

变化在人的一生中不断发生，就像一场戏剧，演出的外在东西可以一再变化，而它要表现的主题却始终不变，人的性格也是如此，没有人能够脱离自身的个性。这一点在逛动物园时就能理解——人们可以把动物运到闹市里，但动物却始终不能摆脱大自然赋予它们的狭窄局限，因为这是由动物的本性和意识所决定的，所以，动物园的动物仍生活在它们自己的世界里，这正是我们努力控制的一个狭窄的范围。

自身内在决定世界，人也不例外。人的个性决定了他所能得到的快乐，这就是为什么有些人能领略到高级快乐，而精神能力相当有限的人，只能在平庸无奇、夹杂着动物性快乐的范围内感知生活。在教育的过程中，我们可以清楚地看到人的幸福在很大程度上取决于自身，也就是人的个性。不可否认，教育在一定程度上能扩充我们的知识世界，但却不能扩展我们的精神世界，因为最高级、最丰富多彩的恒久乐趣是精神上的乐趣，这直接源于人的精神思想能力——由个性决定的，在客体相同的环境中获得不同意识的能力。

可是，我们在大多数情况下都被运气、拥有的财产、别人对我们的评价等外在因素所烦扰。其实，运气就像天气，总会有好的时候，如果我们内在充实的话，就不必对运气要求太多，正如一颗饱满的种子总会发芽开花，相反，内在缺乏活力的种子，就是运气再好，它也不会生长。正如歌德所说：

大众，不分贵贱，
都总是承认：
众生能够得到的最大幸运，
只有自身的个性。

幸福快乐的最直接来源是主体自身，这一点比任何其他因素都重要，也是最容易让人理解的一点。如饥饿后胃口大开，衰老后无法对青春美色一见钟情。没有什么可以取代健康和快乐，一个健康的乞丐可以快乐地生活，而一个染病的君主却难逃病痛带来的折磨。健康快乐带给我们的宁静和愉快的脾性，让我们有活跃、正确无误的理解力，有良好的自我感觉，有洞察快乐的能力及由此产生无限快乐的可能，财富和地位也无法将它们取代。一个人自身，是胜过其他一切财富、别人不能予夺的内在素质。

如果一个人的精神个性所带来的乐趣，能够给他带来卓越而神奇的精神享受，那么其他一切对他来说都是多余，甚至是一种烦恼和累赘。一个精神丰富的人，可以在一粒沙中看到一个世界，自得其乐；一个呆笨、空虚的人，一切娱乐对他来说也不过是无聊的折磨；一个乐观、节制的人在困境中仍不失其乐，奋力向上；而悲观、贪婪的人总看到恐惧和无尽的欲望。这也正如苏格拉底在看到摆卖的奢侈物品时说道："我不需要的东西可真不少啊！"也如贺拉斯在谈论自己时说：

象牙、大理石、图画、银盆、雕像、紫衣，

很多人视它们为必不可少，

但是有的人却不为这些东西烦心。

在每个人的生活中，自身的个性恒久不变，不管外在的境遇怎样变化，它都能随着环境发挥作用，这非常关键。自身个性有别于其他第二、第三项好处，它拥有绝对价值，不像财富，有时虽然拥有许多，我们却未必觉得幸福和快乐。但是，自身个性永远不会被剥夺。由此可知，仅凭外在的手段去影响和对付一个人十分困难，除了人的道德气质不受影响，只有时间可以耗尽人在肉体和精神方面的优势。在这一方面，财富和别人的评价则更显优势，连时间都不能直接夺走这些好处。此外，因为后两项都处在客体的位置，这就决定了任何人都有占有他们的可能，而属于主体的自身个性，它作为自然赋予人的东西，始终不变，所以歌德说：

在你降临世上的那一天，
太阳接受了行星的问候，
你随即永恒地遵循着，
让你出世的法则茁壮成长，
你就是你，你无法逃脱你自己，

师贝尔和先知已经这样说过：

时间，力量都不能打碎，

那既成的、已成活的形体。

诚然，要充分利用我们既定的个性，应该循着符合我们个性的方向，努力为个性的发展创造良好的环境。最主要的无疑是选择与个性相配的地位、职业和生活方式。如果自身个性离开了与其相符的环境，人就会感觉不适，个性的发展就会遇到灾难。

如果让一个天生强壮有力的人从事精细、烦琐的手工艺活，或者让他钻研一些繁杂的脑力工作，就会出现问题。一方面，他要运用先天不足的能力去工作，另一方面，他先天的能力得不到发挥。最终，这个人将英雄无用武之地。同样，如果让一个智力超群的人去从事与智力无关的工作，他的智力就得不到发挥，他的遭遇也同样不幸。所以，我们必须正确估量自己的能力，找到适合自己个性发展的环境。

可见，保持身体健康和发挥个性自身，比全身心投入到获得财富当中更为明智。当然，这并不意味着我们应该忽略对生活必需品的追求。在这里，真正称为财富的东西，是指生活中的丰裕盈余，它们对幸福帮助不大。

我们看到，很多有钱人并不快乐，因为他们缺乏真正的内在思想与对事物的兴趣，同时缺乏从事精神思想活动的能力。可见，财富除了能满足人的自然需求，对于我们的真正幸福没有多大影响。

对于财富，我们要保管、处理、投资、收益，这产生了许多不可避免的操劳，打扰了我们舒适悠闲的生活。对于个人而言，幸福的确比财富更为重要，可是常人却费尽心机地追求财富，因此，我们看到忙碌的人们不眠不休，从早到晚都盘算着怎样多挣钱，为财富奔波不止，一旦脱离了挣钱的领域，一切就变得陌生。他们精神空虚、一无所知，人生最高的快乐——精神快乐，这一片精神的乐土，对他们来说遥不可及。

既然精神的乐园于他们是不存在的，他们也只能从其他地方寻找短暂的、感官的乐趣，以这类娱乐取代精神上的享受，很明显，这只是徒劳。在他们的生命终结时，他们仅剩下成堆的金钱，又把它留给子孙后代去积累和挥霍——这种人生看似有规律、有节奏，其实毫无色彩。

所以，最为关键的是人的内在幸福。由于大多数人的自身内在相当贫乏，也没有与这种贫乏做斗争，他们中的大多数总是闷闷不乐。他们与为生活困苦搏斗的人一样，空虚、无助、意识呆滞、思想贫乏，于是，他们不得不投入社交人群中,在一些社交圈子里消遣娱乐,放纵感官的欲望、享受一时的声色,最后以无聊和无度告终。这就是我们常说的物以类聚,人以群分。众多纨绔子弟穷奢极欲、花钱如流水,这种潇洒的作风,正是精神贫乏和空虚的表现。他们试图用外在的财富补偿内在的不足,他们渴望从外部得到一切——如没有生气的种子试图在好的环境里发芽。

不需要再特别强调另外两项好处的重要性,我们都很明白被公认的财产的重要性。而第三项,比起财产来,就多少带了一点缥缈的成分,因为名誉、声望、地位等都是他人对自己的评价,只要处在适当的位置,每个人都可以得到这些,都可以获得他人很高的评价。然而,有些东西,像社会地位、显赫的声名就只有少数人能得到。彼德尼斯说过:"一个人所拥有的财产决定了这个人在他人眼中的价值。"如果这句话是正确的话,那么,反过来,他人对自己的良好评价,能以各种形式帮助自己获取财产。

人格——人的自身

（一）人的本质

一个人的自身，较之于个人所拥有的财产或者个人在世界上留下的表象更能给其带来幸福——对此我们已大致确知。

个人的本质由自身决定，因为人的个性不会改变，它会在行经的事物上刻上自己的印迹。一个人无论经历何种事情，都是首先确认自己的感受。这一点，我们可以从人们在物质或者精神上获得的满足中看出。因此，除了重大的灾难，一个人在其人生中遇到的事情，无论卑劣，远不及自己的感知重要，即人类感受的特质及其强弱更为重要。一言以蔽之，与幸福有关的是人的个性和价值，其他只是间接发生作用。这些作用也可以被消除,但个性的影响永难消除。

更确切地说,只有人的自身意识恒久不变。个性时刻在发生作用,一般来说,其他事物产生的都是暂时性、偶尔的作用,而且受制于环境的变换。亚里士多德说过:"我们能够依靠的只是我们的本性,而不是金钱。"所以,我们能够忍受从外而至的灾祸,却不能容忍主观因素造成的灾难,因为环境可以变好,人的个性却不会变。

人自身的幸福源自人自身的美好素质——包括高尚的品格、超群的智慧、良好的性情和健康的身体,"健康的身体加上健康的心灵"(尤维纳利斯语),所以,我们应该维持并改善人的主体素质,而不是把我们的目光投向身外的财产和荣誉。在上述人的主体素质中,能够带来直接幸福的莫过于良好的性情。这种良好的性情能够取代他内在的素质,其他素质得来的益处却无法代替它。一个人或许年轻、英俊、富有,备受人们的尊重,但要判断这个人是否幸福,我们只需问:这个人是否愉快?如果愉快,其他并不重要,不论贫富贵贱,强壮衰弱——这些没有意义,因为他幸福。

我年轻时翻看过一本旧书,赫然入目的就是:"谁经常笑,谁就幸福;谁经常哭,谁就痛苦不幸。"这是一句再普通不过的话了，但我却一直无法把它忘记，因为它包含着朴素的真理，因此，愉悦之情无论在何时到来，我们都应该双手欢迎。但我们做起来可没有这么坦荡，接受起来也做不到心安理得，因为我们觉得它捉摸不定；再者，我们担心它的到来会惊扰本来的生活，不知道它是否真能给我们带来好处。其实，愉悦之情可以给我们以直接的益处，它才是幸福的现金，而其他一切都只是兑现幸福的支票。可见，我们应该把追求愉悦之情放在首位。而增进愉悦之情首先需要健康的身体，最次为金钱。因此，那些劳苦大众的脸上常常洋溢着愉悦之情，富贵之家却愁苦满腹。

维持身体健康的良方无非是避免纵欲、剧烈的情绪波动，以及神经长时间高度紧张；每天至少在户外活动两个小时以上；勤洗冷水浴，饮食有节。反之，身体就无法保持良好的健康状态。如果要维持生命程序的正常运行，无论是整体还是部分，都应有良好的运动，正如亚里士多德所说："生命在于运动，生命的本质在于运动。"身体的内部组织在不停地运动；心脏也在舒展自如，不知疲倦地运动；每跳动一次，身体内的周期循环便完成一次；一次脉搏，一次呼吸，大脑也完成了一次双重运动。人体内外应该进行相互的配合和支持，人如果不进行户外运动——很多人缺乏锻炼——那么人的体外和体内就会变得非常不协调，比如：某种情绪使我们热血沸腾，却又不得不压制而不使其表露于外。"运动越快，运动越成为运动"，幸福决定于愉悦之情，愉悦之情决定于良好的健康状况。关于这点，我们把健康和被病魔折磨得焦头烂额的时刻，以及我们在两种环境中的心情做对比，一切就不言自明。使我们快乐或者忧伤的事物，不是那些客观、真实的事物，而是我们对这些事物的理解和把握。这就是比克泰德所说的："扰乱人们的不是客观事物，而是人们对客观事情的见解。"

我们的幸福九成在于良好的健康状态。健康是一切快乐的源泉，缺少了健康，无论外在有多少好处，都没有任何意义，甚至于那些主体的好处，例如精神、性情、气质等，都会大打折扣。因而，大家见面时，自然会询问对方的健康状况。所以，人生最大的愚蠢就是为了金钱、晋升、学问、声誉，甚至情欲以及其他欢愉而牺牲自己的健康。

把健康放在第一位是我们的必然选择。

（二）人的感知能力

虽然健康能极大地增进我们的愉快心情——这种愉快心情对于我们的幸福头等重要——但愉快的心情却不完全

依赖于健康,因为即使是完全健康的人也会生成忧郁的气质和沮丧的心情。最根本的原因在于人的最原始有机体构成,亦即个人的感知能力与体内的各个有机体强度不成正比。

天才的必备条件就是具备超群的感知能力。超群的感知能力会引致情绪失控:周期性极度愉悦或挥之不去的忧郁,所以,亚里士多德认为:所有杰出、优越的人都是忧郁的,"所有那些无论是哲学、政治学、诗歌或其他艺术方面表现出色的人,看上去都是忧郁的。"西塞罗也同意这句话。

莎士比亚曾经优美地描述了我在这里对因人而异的、与生俱来的基本情绪所做的考察:

> 大自然造就了奇特的人,
> 一些人总是眯缝着眼睛,大声笑说,
> 就像看见苏格兰风笛手的鹦鹉!
> 那奈斯特发誓那笑话值得一笑。
>
> ——《威尼斯商人》

柏拉图用"郁闷"和"愉快"来描述两种不同的情绪,出现不同情绪的原因是每个人感知能力迥异。一件事情可使一个人绝望，也可使另一个人快乐。一般而言，一个人接受愉快事物的能力和接受不愉快的事物的能力成反比。因此，同一件事情会出现不同的结果。

郁闷型的人会因不好的结果而厌烦，对好的结果也持冷漠态度，愉快型的人则相反；对郁闷型的人来说，预定的十个目标实现了九个，他会因还差一个没实现而苦恼，愉快型的人却会为已经实现的目标而快乐无比。但是，由于郁闷型的人总把世界看得一无是处，总是做最坏的打算并及时防范，因此与那些乐观主义者相比，他们少了些失败与无奈。但如果天生具有不满、易怒心态的人，再加上神经系统或者消化器官疾病的折磨，最后会成为这样：在连续的不幸中，他们产生了对生活的厌烦，最终萌生自杀之念。哪怕是细小的不便和痛苦都会令他们想到自杀，甚至可能还会因持续的心情郁闷而选择自杀，并且冷静地实施一系列自杀行为。尽管在别人的监视之下，他们仍会伺机进行这种无痛苦的解脱烦恼的仪式——整个过程中意识不会动摇。关于这方面的描述，可以参看斯基罗尔的《精神疾病》一书。其实，当痛苦无比巨大或者不幸无法避免，并压倒了对死亡的恐惧时，健康和乐观的人也会想到自杀，不同之处只在于自杀诱因的大小不同，它与人的不满情绪成反比。相比之下，愉快情绪和健康状况成正比。自杀的动机虽不同，但有两个极端：天生忧郁，这是病态加剧所致；天性健康乐观，这是客观所致。

相貌与健康有些关联，虽然相貌只是通过给别人留下印象从而间接地给人带来幸福，但仍至关重要，对于男人亦如此。因此，荷马的诗句尤其适用于我在这里所说的话：

神祇的神圣馈赠不容蔑视，
它只能由神赐予。
任何人都无法随心所欲地获取。

——《伊利亚特》

（三）人的精神能力

对生活稍做了解就可得知：痛苦和无聊是人类幸福的两大对头，并且，其中一个对头远离时，另一个劲敌就逼近。我们的生活就是在它们之间摇摆。这是因为，痛苦和无聊双重对立：一种是外在的客体，一种是内在的主体。生活的贫乏产生痛苦，富裕和安康产生无聊。我们会看见下层阶级与贫穷做斗争，而富裕的贵族却与无聊进行着殊死搏斗。内在的或说主体的痛苦与无聊之间的对立基于一个事实:人与人精神能力的强弱不同,因此一个人对痛苦的感受与对无聊的感受成反比。

一个人精神困顿、感觉无知,这与热情匮乏有关,因此,精神迟钝的人对各种痛苦的感觉也就相当贫乏。精神困顿的后果即是生命的空虚,这种阴影会在无数人的脸上显现。人们对于外在世界之事——甚至微末之事——都热烈地关注,可见人们的内在是何等空虚。空虚是无聊的根源。空虚的人总是一刻不停地寻求外界刺激,以使自己的精神、肉体及其情绪调动起来。例如,他们总是参加同一种娱乐活动,进行同一种对话,靠门立着或者靠墙向外张望,他们持续在风月场中追逐嬉戏,这种结果就是财产变得匮乏,从而陷入痛苦。

避开痛苦的手段就是拥有丰富的内在——充实的精神生活。精神越丰富,无聊的空间就越小。精神充实的人浑身上下都流动着思维的血液,他们不断地向外部世界和内在世界探索,还把各种思想通过自己强劲的脑力重新排列组合,所有这些行为,都可以避开无聊的烦扰。超群的智力以敏锐的感觉力为前提,亦以强烈的欲望和饱满的热情为根基。两者的结合,增强了情感的浓烈程度,以及对精神和肉体痛苦的敏感度,使人对任何不顺心的事情——哪怕是极细小之事——也会表现出极度的不耐烦。它们的结合同时也强化了头脑中各种零碎的图景，包括有悖人心的事情——这些零碎的印象通过强劲的想象力的点拨而变得极度活跃。我在这里所说的内容适用于各种思想能力，从白痴到伟大的天才，概莫能外。

　　无论从主体还是客体上说，人们始终是在痛苦的两端之间不断游走。因此，每个人都会调整自己的客体去适应主体，从而更有力地摆脱敏感与痛苦。一个卓越的人，会去营造没有痛苦和烦恼的状态，追求宁静和闲暇，争取过一种简洁、朴素、安静的生活。他一旦对世人了解之后，就会选择离群索居；如若具有深远的思想，他就会去独处。一个人的思想越丰富，他对身外之物的索取就越少，别人也就与他无关了。因此，具有卓越思想的人喜欢独处，不与人交往。而处于痛苦另一端的人，一旦匮乏的境况稍微减轻，他就会不顾一切地走进世俗世界去交际，迁就于一切不足，他只是为了逃避自己。因为独处时，他就会反思，自身的一切就会暴露。于是，一个无知的人会与哀怜的自身相处——这无法避免；而精神卓越的人就会用自己的卓越思想把沉闷的环境变得有生机。正如塞尼加所说：愚蠢的人受着厌倦的折磨。耶稣也说：无知的人比死亡还糟糕。由此，我们可以得出结论：一个人喜爱交际的程度跟精神的富足成反比。人们在这个世界有两种选择：独处或者庸俗，别无他法。

（四）人的思维意识

　　人的思维意识就是人自身的附属物，寄居在人体的内部，而人们百般辛苦挣来的余暇，只是为自己的思想和自身带来些许兴趣。余暇就是人生的闪光点，其余就是辛苦的劳作而已。但大多数人可以利用闲暇做什么呢？不是声色犬马之欲，就是无限的烦恼，从人们度过闲暇的方式可知闲暇对于他们是何等的无意义。对于他们而言，闲暇就是阿里奥斯托所说的"无知者的无聊"。一般人关心的是如何消磨时间，卓越的人注重如何利用好时间。无聊则容易找到那些思想简单的人，他们的智力屈居于欲望之下，跟随着欲望（智力与欲望不同，它自身不具有自发性），于是他们身上的所有力量就停滞不前，这就是所谓的无聊，游戏的出现就是为了驱赶无聊。不然的话，那些思想贫乏的人就会随意敲打手边的物品来消磨时光——雪茄烟就是首选，它可以用来替代思考。在各国，玩纸牌成了社交的主要娱乐也不奇怪，它代表了这种社交聚会的目的，也见证了思想的破产。

　　一个不需要进口或者进口很少的国家是最幸福的国家。因为进口物品既浪费钱财，也会由于交往带来不小的麻烦。这些东西也会成为我们自身的替代品，同理，一个人的内在精神很丰富，无须去寻求欢娱，那他就是幸福的。无论如何我们都不要对别人或者外界期望太大，因为外人对我们做得实在太少。每个人都是在世界上单骑行走，关键得靠自己。歌德在《诗与真》里的评论很有道理：无论经历何事，每个人最终都得靠自己，也正像奥立弗·高尔斯密的诗句所说：

无论身在何处，
我们只能在我们自身寻找或者获得幸福。

——《旅行者》

一个人应该展现自己的所能，做到最好。一个人做得越好，他会发现自己就是快乐的源泉，他就越幸福。亚里士多德说过，幸福属于那些能够自我玩味的人。幸福和快乐的源泉，就其实质而言，具有不确定性，并且极其短暂、偶然。即便形势可人，它也会终止。只要外在的情形不在我们的控制之下，这就不可避免。人已衰老，很多东西就会必然消失，没有太多的精力去干风花雪月、旅行养马等社交方面的事务，亲朋好友也会跟着离去。此刻，人们才能真正地意识到人自身的重要性，比任何其他事物都更忠实于自己——自身只随自己躯体的消失而消失。

我们也可断言，在人生的各个阶段，自身才是真正的幸福源泉。我们这个世界乏善可陈，到处都充斥着匮乏和痛苦，对于那些侥幸逃过匮乏和痛苦的人们来说，无聊却正在每个角落等待着他们。另外，卑劣和恶毒统治这个世界，愚蠢的声音具有极大的话语权，并响彻云霄。命运对于人类来说是残酷的，人类在此极其可悲。然而，在这个世界上，一个思想卓越的人，就好像冬日晚上漫天飞雪里一个极温暖、漂亮的小屋。一个具有超越常人的个性，特别是具有深刻思想的人，无疑是这个世界最幸福的人，即便他的命运并不是如此星光灿烂。年仅19岁的瑞典女王克里斯汀仅通过笛卡尔的一篇论文以及一些口头资料便了解了这位已经在荷兰孤独生活了20年的人，于是她评论笛卡尔时说了一句充满睿智的话："笛卡尔先生是我们所有人当中最幸福的一个。在我看来，他的生活令人羡慕。"（《笛卡尔的一生》，巴叶著。）

如若像笛卡尔那样，我们必须摆脱外部环境、自由支配自身，并且从中获得相应的快乐。《圣经·传道书》上说："智慧再配上一笔丰厚的资产，就可以去享受阳光。"如果谁真的幸运地得到了命运或者上天恩赐的内在财富,那他就要小心让自己这份财富顺利地发挥其价值。要达到这一目标,他就必须拥有闲暇。当然,这种人更愿意通过简朴的生活来获取闲暇。如果他不需要依靠外界来索取快乐,那就更为乐观。金钱、荣誉、地位、名声等俗世之物不会使他在阴沟里翻船,更不会让他服从大众的口味和愿望。如果可能的话,他会像贺拉斯在给默斯那斯的信中所建议的那样去做。被俗世的荣誉、地位、名声、金钱等东西所累,而放弃自己的闲暇和独处——这是对自己极不负责任的行为,歌德就是如此。但我的天使已经给我点燃了前进的路灯,使我不至于迷失方向。

(五)人的意欲

这里所涉及的真理就是:幸福来自人的丰富的内在,亚里士多德在《伦理学》中的观点就是论据。他说:"快乐就是以从事某项活动或利用自身的某种能力为前提。缺了前提,快乐就不知从何说起。"他认为,人的快乐在于自由地施展自己的才能,这与斯托拜阿斯对逍遥派的教诲异曲同工。斯托拜阿斯说:"幸福就是发挥、应用我们的技巧,并取得期待的效果。"他特别指出,他使用的古希腊词句所描述的就是每一种利用技巧的活动。自然给予我们力量,就是为了让我们与周遭的匮乏做斗争。一旦战斗停止，那么赐予的东西就成为累赘。关于痛苦，卢克莱修有一段描写：

待在屋子里他会感到厌烦，因此他经常离开偌大的宫殿，匆匆走向室外露天。但他会突然返回，因为他觉得出门没有为自己带来更多的好处。但刚跨进乡村庄园的门槛，他就无聊地呵欠连连，或者干脆倒头大睡。他要尽力去忘记自己，直到他想返回城市为止。

这类人在身体衰老之前，身体和生殖能力都很强盛，但随着岁月渐消，唯有思想能力尚存。如若我们的思想能力欠缺或者没有得到训练，同时又缺乏相应的环境，那我们的境遇就着实有点可怜。

意欲是无法消失的力量，可以被激情随时唤起。我们可以去探究人的能力表现的根源，确切地说就是人的三种基本生理能力，进而对此有个透彻的了解。我们来探究一下不带目的的活动——它们共同构成了人类快乐的源泉。每个人拥有的快乐，是由自己身上具备的能力决定的。第一类是新陈代谢带来的兴趣，这些活动在一些国家是全民性的娱乐，并让其推广开；第二类是肌肉的力量带来的乐趣，这些包括步行、长跑、击剑等剧烈的运动，其中也包括战争；第三类是发挥自己感觉能力带来的乐趣，这些包括思考、探索、发现、发明等。这各种各样的乐趣要使一个凡夫俗子对某事物产生热切的关注，只能通过刺激他的意欲并由此提起他对这事物的切身兴趣。这持久的兴奋并不纯粹，它与痛苦密切相连。

　　流行于特权阶层的纸牌游戏，旨在刺激意欲。它激起的兴趣肤浅，带来的痛苦也断断续续而不持久。其实我们都清楚：我们所得到的乐趣越大，其刺激的诱因也就越高级。没人可以断然否认，感觉能力比之其他两种能力的优越性，这也是人跟动物的区别，但其他两种能力也会在动物上出现，并且有过之而无不及。

　　可是感觉能力只属于人类。超群的感觉能力能够使我们感受到认知或者精神思索带来的乐趣。感觉能力越超群，给我们带来的乐趣也就越大。精神卓绝的人会纯粹地、全身心地投入到认知活动当中去，而大众把自己陷入枯燥、恶劣的生活，自己的思想、欲望的目标都是维护渺小的安逸，进而迈向各种苦难。一旦停止活动，他们就反求诸己，无聊也就向他们袭来，这时，只有情欲才能把生活沉闷的空气变得鲜活一些。而此时，精神卓绝的人却过着丰富、深刻的生活。他们受着极具挑战性的事物的吸引，他们的头脑被这些事物占据。

因此，最高贵的快乐源泉在于自身。他们欣喜的事物就是眼前大自然的伟大作品，他们体察人类，以及各个时代和各个地方的浩如烟海的杰作——惺惺相惜就是这个道理——那些已作古的天才因他们的存在而活着，并且向他们伸出手来；其他人只是偶然的看客，只能东鳞西爪体会其中的一小部分。天赋异禀的人总是比常人想得远一点，喜欢探索、发现、研究、创造，这需要闲暇来做帮衬，正如伏尔泰所说："有真正的需求，才会有真正的快乐。"这就是其他人不能得到的幸福所要具备的条件。虽然他们周围自然的美、艺术的美、思想的杰作星罗棋布，但这些对于他们而言却犹如艳妓之于衰老者，因此，一个精神卓绝的人其实是过着双重生活，一种是现实生活，一种是精神生活，后者逐渐趋于唯一，前者只是后者的手段。对大众而言，浅薄、愚蠢、无聊的生活就是他们的归宿，而精神卓绝的人专注的是精神生活，随着他们对一切的体察和探究的深入，生活也逐步变得完美起来，如一件时间雕刻的艺术品。那种纯粹追求安逸生活目标的人只是以时间论短长，与他们比起来就有些可悲可叹。正如我所说，现实生活对于大众是目的，对于精神卓绝的人不过是手段罢了。

（六）人的精神生活

现实生活如若没有意欲的刺激，就会变得索然无味，可一旦受到刺激，却又痛苦不堪。那些精神卓绝的人如此幸运，能够凭借自身能力而不受意欲的左右。只有这类人才能经营好并专注于这样的双重生活。只有余暇，及智力的必备，也不能拥有精神生活，享有精神生活必须拥有过剩的能力，这样才能从事纯粹的精神生活而不为意欲左右。"没有精神生活可度过的余暇，就意味着死亡，意味着活葬。"（塞尼加语）

在现实生活中，由于精神能力的不同，相应的精神生活也就有等级之分。从积累和描绘昆虫、鸟类、矿物、钱币之类的精神乐趣，一直到创作出杰出的文学和哲学作品，这样的生活可以使我们远离恶俗的社交以及各种危险、不幸等。一般人常把快乐的获得寄托在外在的事物，具体来说就是财产、亲人、朋友、社会，一旦失去，对这些东西的幻想化为泡影，他们的幸福也就随着消失。说得更明白一点，就是这些人的重心在身外，所以其意欲的方向也在不停地变换。其实，一个人自身的生命力才是身体力量和健康的源泉。我们先不讨论另一极端的人，先讨论那些比上不足比下有余的人。我们会发现：当缺少外在的源泉，或者内心得不到满足时，他们就会去选择一门艺术来学，或者投身于自然科学的某一领域。可以说，这些人的重心部分在于身外。但是，对艺术的爱好与自身的创造力之间有段距离；单纯的自然科学知识只关注事物之间的表面关系，因此他们无法浑然忘我地进入其中；他们的空间不会被完全占据；他们也做不到让自己的生命与其难割难舍，从而对其他事物失去兴趣。只有那些精神卓绝、被我们称为天才的人才会有如此状态，只有他们才能完成这样的客体——去探究事物和存在的本质。他们穷尽其全力，将自己独到的见解用极个人化的方式描述出来——要么艺术，要么哲学。对于这样的人来说，不受干扰地创作自己的作品实在很有必要。孤身独处，他们求之不得；闲暇，则是至高无上的赐予；其他的好处都是多余，如若存在，便是一种负担。只有这样的人，我们才能说，他们的重心就在自身之内。

由此，我们可以理解这些稀有动物似的人，他们内在极丰富、不靠别人，自己就可以得到安慰；他们显现出一种孤独的特质，特别是周围的人不能满足他们的时候，这种特质就更加明显；他们无法认同别人，习惯把自己当作某一类存在；在说起大众时，他们也只是用"他们"，而不是"我们"。看起来，那些得到大自然的馈赠而变得精神卓绝的人，是最幸福的人。的确，主体比客体离我们更近——客观事物也要通过主体发挥作用，因此客观事物居于第二位。以下这句优美的诗可以做证：

真正的财富只能是灵魂的内在财富，
其他别的东西带来烦恼多于好处。

——卢奇安

一个内在丰富的人会利用余暇培养自己的精神能力，享受内在的丰富，他的唯一要求就是在一生中成为他自己。当一个人命中注定要把自己的思想留给人类，那么幸福或者不幸就是他的命运——把自己的能力培养到完美，完成自己心中所设的杰作。如果受到阻挠，那则是自己的不幸。外在于他而言无足轻重。

各个时代的精神卓绝的人都把闲暇视为珍宝，闲暇的价值可以和这个人自身的价值相等。亚里士多德说过："幸福等同于闲暇。"狄奥根尼斯告诉我们："苏格拉底珍视闲暇甚于一切。"与这些说法不谋而合的是，亚里士多德把探究哲学的生活称为最幸福的生活，他在《政治学》里所说的话也与我们的讨论相关联。他说："能自由地培育和发挥自己的才能，不管这种才能是什么，就是真正的幸福。"歌德在《威廉·迈斯特》中的说法也与此相同:"谁要是生来就具备和要发挥某种才能,那他就会在其中找到最美好的人生。"但闲暇对于人们的一贯天性和命运而言,显得陌生而稀有,因为人的宿命就是需要花费时间去获得自身和家人生存的物质。

人是匮乏的儿子,他若不能自由思想,闲暇很快就会变成很大的累赘。同时,如果人们不能用各种目标以及爱好来充实时间,闲暇就会变成痛苦,危险也随之而来,因为就算一个人无所事事,时间也不会静止,这是极其正确的推理;另外,一个人具有超常智力也与自然相违背。如果真的出现了这样的人,那么闲暇对于他的幸福而言则不可或缺,但他自己却把闲暇视作累赘,因为闲暇的他变得像被套上木轭子的柏加索斯那样苦闷异常。但如果一个人的外在闲暇而内在禀赋异常,那他就无比幸运,因为这个如此受上帝恩宠的人,其生活将摆脱两个苦痛的诱因——无聊与匮乏,换句话说,他不用再为自己的生计问题而奔忙,也不会无法忍受闲暇。人生要摆脱这两种痛苦的困扰,就得靠这两种痛苦的自我矛盾的化解。

即便如此,我们也要谨慎对待:一个禀赋异常的人,由于剧烈的神经运动,对痛苦的感受力会非常强。他那激烈的气质——这是他拥有上述天赋的必备条件——以及与此有关的对事物明确、统一的认识,都会使情绪被刺激得更加强烈。一般来说，这些情绪会带来更多的痛苦而非愉快。最后还要说一点，这种深刻的思想感觉能力使这类人远离他人及他们的追求。自身拥有的越多，从他人身上获得的就越少。大众推崇备至的种类繁多的事物，在这类人看来就是愚蠢和无知。有万金油之称的均衡互补法则，用在这里也很恰当。的确，一些口头禅颇有道理：头脑简单、淳朴的人从实质上最为幸福，尽管没有人羡慕这种恩赐。我不想让读者先入为主地对这个问题进行清晰地界定，尤其是索福克勒斯自己在这个问题的上意见就自相矛盾：

头脑聪明对于一个人的幸福是主要的。
要过最轻松愉快的生活莫过于头脑简单。

另外，在圣经《旧约》里，贤哲们的说法同样莫衷一是：

愚人的生活比死亡还要糟糕。
越有智慧，就越烦恼。

还有另外一类人：他们仅仅获得了有限的智力配给，

并没有精神上的追求,也就是德语里的Philistine——菲利斯汀。后来,这名字有了更深的含义。"菲利斯汀"和"缪斯的儿子"正好相反,他是被艺术女神抛弃的人。的确,从一个更高的角度来看,我应该把菲利斯汀定义为漠视非现实之物的人。也许,这样一个超验的定义并不合乎大众化思维,而我在这利用的正是大众化视角,所以人们也许无法彻底领会这一定义。可能第一个定义更容易明白,它从根本上描述了菲利斯汀的根源:菲利斯汀就是一个没有精神追求的人。

根据之前提过的"没有真正的需求,就没有真正的快乐"这一原则来推断:首先,对于自身,菲利斯汀并没有对精神生活产生兴趣,他们的内心并没有强烈的欲望去追求知识、探索真理,也没有真正享受美的渴望。美的欣赏与对知识的追求和真理的探索有关。这类人生活的目的就是为了获得更多的东西,追求生活上的安逸和舒适。因为他们缺少精神需求,所以他们所做的一切都不能把无聊赶走,精神的快乐就无从谈起。因此,菲利斯汀有一个奇怪的特征:他们有着干巴巴的表情,严肃、呆滞,没有什么东西能够给他们以愉快,提起他们的兴趣,感官的乐趣也就随之化为泡影。菲利斯汀也举行社交舞会,但很快就会变得无聊,即使纸牌游戏也让他们提不起兴趣。此外,这种人还极尽所能地享受虚荣心带给他们的欢娱,尽力在世俗的财富、地位、权力、影响力等方面胜人一筹，以获取别人对他们的尊重；或者，这类人会追随拥有这些东西的人，以求得到他们身上光辉的恩泽。

从菲利斯汀的本质可以推出另一点：对于他人，他们没有精神的需求，只有肉体的需要。所以，在他们与他人交往时，就只关注能够满足其肉体需要的人。当他们看见别人卓尔不群的精神，就会心生嫉妒，蔑视那类人。他们内心有一种很深的自卑感以及隐蔽的嫉妒欲——他们谨慎地把这些隐藏起来，对自身亦如此——随后，这种嫉妒欲就会变成暗地里的苦涩和愤懑。他们永远不会给予那些思想卓绝的人以崇敬的心情，他们要把崇敬给予那些拥有地位、财富、权力、影响力的人，这些才是他们的愿望和追求，而所有这一切只因为他们是没有精神需求的人。

菲利斯汀的痛苦在于任何理念的东西都不能让他们愉悦，他们为了消除无聊，就不断地追求现实存在的东西。然而，现实的东西会很快消失，这不但会使快乐也随之消失，而且会让人腻烦，并且，现实的东西还会带来各种危险。而理念的东西具有无限性，其本身是纯洁的。在讨论哪种个人素质会带给我们幸福时，我所注意的是身体和智力的素质，至于道德，则在我关于道德的论文中已经详细地论证过，因此，我推荐读者阅读那些论文。

财产——人有些什么

伟大的幸福论教育家伊壁鸠鲁奇妙地把人的需要划分为三类：第一类源于人的天性和迫切的需要，即比较容易得到满足的食物和衣物，当这类需要不能被满足时，人就会感到痛苦；第二类需要虽然也为天然，但并不如第一类那样迫切，即性欲的需要，而要满足这一类需要则相对困难；第三类与前两类都不同，它是对欲望的追求，这些需要没有止境，既非自然，也非必要，实现起来也非常困难。

我们很难对自己要追求的东西界定一个理智的限度，甚至不可能做到，因为一个人在财产方面是否得到满足，不是由财产的绝对数量决定的，而取决于一个人所得到的财产和自己实际取得的之间的关系，也就是说它取决于一个相对的数量，分子计算式可以形象地展示出这种相对关系——在计算时不得不考虑分母。人对一样东西没有意识的时候，他就不会觉得缺少这样东西，他就算并不拥有它也觉得自然而然，不会感到不快。虽然一个人拥有数以百万计的财产，但只要某样东西进入了他的意识，他对此产生了要求，在得不到它的时候，他就会郁郁不快。对于他认为有可能得到满足的要求，所有的人都会有自己的视线范围，而他的要求不会超出这一视线范围，一旦他有要求的东西在此范围出现，他就会为能得到它而感到幸福。相反，如果他感到没有希望得到它，他就会觉得难过、痛苦。当然，影响他的只限于他视线范围内的东西。所以，巨大的财富并不会使穷人焦虑不安，而富人在计划落空的时候，不会看到自己所拥有的大笔财产，他会因得不到而苦恼，所拥有的财产也不会给他带来安慰。

　　人对财富的欲望永无止境，这同样适用于名声。在失去财富或安逸的处境，并经历了痛苦之后，我们挺了过来。然而，对财富的欲望与当初相比，并没有多大改变，因为，此时我们降低了要求。诚然，这个过程和伤口愈合很相似——当初肯定痛苦，慢慢地，对痛苦的感觉越来越淡，最后伤口愈合，也就不再有感觉。相反的是，如果成功的话，欲望就会膨胀起来，我们在膨胀的过程中感到快乐。然而，这种快乐的过程一旦结束，我们就会渐渐习惯无限膨胀的欲望，新的要求不断进入视线范围，我们对目前拥有的东西不以为意。荷马在《奥德赛》第十八节的最后两行表达了同样的意思：

凡夫俗子的情绪飘忽不定，
就像神、人之父所赐予的日子。

在不断膨胀的欲望要求下，我们会感到不满，然而，其他妨碍我们成功的因素却不曾变化。

人类是特殊的一类物种，他们贫乏不堪、充满需求、崇拜财富，他们对财富的渴望和尊重比其他任何东西都多得多。有时候，权力本身也成为他们获取财富的工具。为了获取财富，一切都可以不顾，一切都可以抛开，这就是人类的本性。

金钱，对人类而言永远是闪着光的东西。人们热爱金钱胜过一切，尽管常为此受到责备，也避免不了热爱金钱的自然天性。金钱像神奇的魔法师，时时刻刻满足着人们飘忽不定的渴望，不断地变出人们所要求的物品。

比起其他物品，金钱的好处是绝对的，它能满足抽象中的普遍的需要，而其他物品，比如食物之于饥饿、药品之于健康、炭火之于严冬，等等，它们的好处是相对的，它们只能满足某一具体的需要。

人们不应该拿财富作为花天酒地、寻欢作乐的通行证，应该把财富作为抵御不幸和灾祸的保护伞。有些人凭着自己的才能从一文不名到家财万贯，他们就会错误地认为自己的天赋才能是他们恒久不变的生利本金，因此，他们把挣来的金钱随手花掉，不留存一部分作为固定长久的本金。如此，他们往往因才能枯竭而陷入贫困。这样的例子很多，比如从事艺术的人，当他们的才能耗尽，或者挣钱的环境改变，金钱也就不再落入他们的腰包。相比之下，手工业者可以大手大脚地花钱，而不必有什么顾虑，因为他们有不可替代的制作才能，这种才能不会轻易消失，这正如一句俗语所说："万贯家财，不如一技在身。"然而，各类艺人和艺术家遭遇的情形却不一样。他们获得优厚的报酬，本应该把这些金钱当作本金，而他们却把它们当作利息，于是他们走向贫困的结局。继承财产的人相对更懂得如何正确认识本金和利息。他们会把一部分金钱存起来以供不时之需，所以，他们大部分人生活充实、富足。当然商人是例外的，他们把金钱当作挣得更多金钱的工具，他们保存和增加资本，神奇而巧妙地运用金钱，使他们获得更多的财富。

通常情况下，经历过匮乏和贫穷的人与只听说过贫困的人不同，前者包括交到好运迅速脱离贫困达到小康生活的人。他们不害怕贫困，也更倾向奢侈豪华。后者则指那些出身于良好家境的人，他们更加着眼于未来，因此他们过着比前者更加节俭的生活。从中我们可以看出：贫穷并不像我们从表面看到的那样糟糕，但是，贫困对出身贫困的人而言理所当然。他们把财富看成一种多余的东西，是烦恼，只有把他们挥霍完才得安心；他们习惯于像以前那样贫困地生活，正如莎士比亚在《亨利五世》中所说："乞丐一旦跨上了坐骑，就非得把马跑死为止。"相比之下，出身于富有的家庭的人把财富看成生活的一部分，认为它们是生活中必不可少的东西，是构成生活的细胞，他们因此小心经营着自己的财富，过着有条不紊、小心谨慎、勤俭节约的生活。

我认为有必要用大量篇幅来提醒人们谨慎保存自己的财产。如果一个人从一开始就不用奔波操劳并能维持舒适的生活，享有真正的独立自足，那么他就获得了弥足珍贵的优越条件，使他能够摆脱人生的贫乏和操劳，从苦役劳动中解脱出来；他是真正自由的自己的主人；

他不再受时间和力量主宰，一切全可凭自己做主；他可以每天对自己说："今天是我的。"因此，一无所有的人和拥有财产的人之间有巨大的差别。不难想象，如果一大笔财富落到一个精神禀赋很高的人手里，即使这个人所从事的事业并不能挣很多钱，这笔财产也能够发挥它的最高价值，因为这笔财产会给这个人带来自由，使他成为自己的主人，从而尽可以为自己生活。他会从事别人所不能做的事情，为大众创造出更大的益处，他以此方式来偿还自己欠下的世俗债务。同样，其他处于同样优越条件的人则可通过不同方式为人类做出贡献。反过来说，如果一个人继承了大笔财富，却不曾尝试任何上述事情，也不希望做出成绩，或者说他甚至没有试图认真地研究一门学问，为这门学问的发展做出一点贡献的话，那他就是个可耻的无所事事者。当然，这种人也不会感到幸福，因为富有把他引向了生活的另一个极端，在那里，无聊会百般折磨他。这种无聊的生活很快会让他变得奢侈浪费，最后他就会被剥夺原本他不配享受的优越的生活条件。许多有钱人把钱挥霍殆尽，在无聊的重压下求得片刻喘息后终沦为贫困。假如在贫困的处境里他有事做的话，他反倒会生活得更加幸福。

如果我们的目标是要在公职服务中达到高位，那就要另当别论了。要晋升到最高的职位，我们必须赢得朋友、打好关系、得到别人的承认，因此，从根本上说，一无所有地来到这个世界反而会更好，特别是一个人没有声名显赫的出身，可却具备了一定的才能，一无所有反倒是他的一个真正优势，因为这样他才会对自己所有的劣势和缺点达到深信不疑的程度，才会认清自己存在的无关紧要。在这种情况下，他就会有别于喜欢找别人缺点和不足的人。他会不停地和人打招呼，弯腰微笑向人致意；他能忍受一切，并时刻报以微笑。他的行为包含着一个真理，这由歌德真切地向我们展示了出来：

> 任何人都不要抱怨卑鄙和下流，
> 因为在这世上只有卑鄙和下流才是威力无比的。

然而，从一开始就衣食无忧的人，早就习惯高昂起头的姿态，他们大多难以管束，也不曾学会上述为人的艺术。这种人身上或许有一些值得自豪的才能，可他们也认识到这些才能根本不能和趋炎附势、溜须拍马相比。最后，他们看到了比自己位置高的人的低劣庸俗之处。如果他们受到别人的侮辱或遇到一些不平事，就会感到茫然和害怕——这可不是良好的生存之道。他们应该找到其他的方法，应该大胆地和伏尔泰站在一起说："我们在这世上时日不多，不值得在可鄙的坏蛋的脚下爬行。"然而，适用于"可鄙的坏蛋"的人很多，而尤维纳利斯的诗句"在局促狭窄的屋子里，无从施展，要昂首挺胸已经非常困难"，则更适合艺术表演的行当，而不大适用于其他世俗钻营的人们。

　　当然，这里所说的人所拥有的财产，并没有把妻儿包括在内，和朋友一样，他们似乎都应该被归入一个人的拥有的物里面，但是，我们应该明白，这种拥有是相互的，在一定程度上拥有者会成为别人所拥有的物。

地位——人所展现的表象

我们所呈现的表象，即生活中我们在他人心中留下的印象，总是被我们过分看重，这是人类根深蒂固的弱点。只要稍加思考就可明白，他人的印象和态度对我们的幸福并不十分重要，因此很难解释，一个人在受到他人夸赞时，为什么会觉得特别愉快——也许是因为他的虚荣心得到了暂时的满足。当一只猫受到轻柔的爱抚时，它同样也会用欢快的叫声来报答；当一个人受到别人的表扬时，他就会用一种会心的微笑表现出来。尽管别人的赞扬并不纯洁，他仍然会感到异常高兴。

令人惊奇的是，无论何时，当一个人想受到别人表扬的意愿受到极大阻碍，或者受到别人的冷漠，或者受到稍微的不敬、怠慢时，心里就会不高兴，有时还会留下很大的心理创伤。对于人自身的幸福而言，尤其是对与幸福有很高的关联度的卓绝心境和独立人格而言，构建在此人性之上的荣誉会起到不良的扰乱作用。从提高我们的幸福指数来讲，我们应该阻止这一弱点泛滥，静下心来谨慎地思考，把它放在一个恰当的位置，尽量降低自己对这种赞美之声的敏感度。无论我们的自尊心和虚荣心受到怎样的对待都应该这样，毕竟它们是一根绳上的蚂蚱。不然的话，我们就会成为他人意识的奴隶：

使一个渴求赞语的人闷闷不乐或者兴高采烈的话语，却是多么的无足轻重！

——贺拉斯

合理地评估自身价值与他人意见，会对我们的幸福有所裨益。我们的自身包括我们一生的全部以及内在的财富，在前面已经讨论过它们的好处。这些东西都会在自身的头脑里起一定的反应；它们对我们的态度和意见也会在意识里发生作用，这些也只会展现在我们的心里，因此，别人对我们的意见只是间接，而非直接地发生作用——只要他们没有在我们自身的行为中夹杂成见。如果这些成见对某些事物产生影响，并且我们自身也受到影响，我们就要对其加以考虑；反之，则并不重要。无论如何，如果我们不能在自身的财富中获得幸福，而是从别人的意见中获取幸福，那便是极大的悲哀。归根结底，我们的生活之基，即幸福的基础，是我们的生物性。健康对我们最为重要；维持生存的手段在其次，即无须操劳而获得的收入。荣誉、地位、名声——尽管这些被许多人视为珍宝——却不能取代前两项的好处。在必要的时候，为了前两项好处，我们应该毫不迟疑地舍弃第三项。你若明白了下面这个朴素的道理，将给你的幸福带来好处：一个人只是寄居在自身的皮囊里，他并不是生活在别处；我们现实的个人状况——健康、性情、能力、收入、女人、孩子、朋友、居住地等——对我们的重要性胜于别人对我们成见以百倍。如若有人大声高呼"名声高于生命"，那就等于说"人的舒适并不重要，别人的成见对我们才是最重要的"，这种虚夸的说法存在的依据就是：要在人世很好地生存，名声——别人对我们的成见——对我们而言绝对必要。于此，我们会做进一步的探讨。

我们睁眼看看这个世界，很多人历经数十年的苦心经营，最终目的就是为了得到别人微不足道的赞扬。人们拼命追求地位、头衔、勋章，就是为了获取别人对自己的敬重，甚至人们追求科学、艺术也是如此。这些现象的存在就是为了向我们证明，人类受愚蠢的毒害是如此之深。把别人的成见看得如此重要，是我们的错误——这些也许是人类的劣根性，随着社会和文明的脚步而萌生。不论怎样，它对我们的生活和事业产生了始料不及的影响并危及我们的幸福。一些人为了青史留名，不惜抛弃个人的财富、安宁、健康，甚至生命，这给统治者或者颐指气使的人提供了很好的权杖。在人类各种训练的方式中，首要的是培养人的荣誉感，然而这对于我们的幸福来说却是另一回事。幸福才是我们生活的目的，不要太过于看重别人的看法。日常的生活经历告诉我们，大多数人还是把别人的成见视为珍宝，重视他人的看法胜过重视自己头脑里的东西。由此，他们把自然的秩序颠倒了，将别人的看法视为自身存在的现实，而自己的理念却成了一种概念，他们在别人心中留下的印象比自己的存在更令他们担心。这种把间接之物看成现实存在的做法相当愚蠢，人们给它起名为虚荣，以表示努力追求虚无的本质。由以上可知，它和贪婪共为一物，混淆了手段和目的。

　　事实上，我们对别人成见的看重以及对此的担忧，都超出了合理的限度，成为一种时尚，进一步说就是人类本质的疯狂。我们做任何事情，首先考虑的是别人的看法。对生活进行观察你就会发现，我们的担忧和恐惧，半数以上是对此虚构的忧虑。它是我们脆弱的、有着病态敏感的自尊心，所有虚荣、自负、炫耀都以此为基础，它要人们为之付出巨大的成本。例如，虚荣在孩提时就初步显露；到了青年、中年时期，名誉、骄傲等更加凸显；到了老年，感官能力带来的快感变得虚弱不堪，虚荣、骄傲就与贪婪一道重新分配地盘。

虚荣心在法国人身上表现得尤为突出，因为法国人的虚荣心不仅带有特殊的地方色彩，还会逐渐演变成野心——可笑的民族虚荣心——它让法国人的努力白费，并成为别人口中的笑料，还被称为"伟大的民族"。这里有一个例子，它将当时的人物与情境相结合，特别能够说明这种过分关注别人看法的反常本质，绝妙地反映了这种人性的愚蠢，检测了这种奇特行为的动机：1846年3月31日的《泰晤士报》报道，谋杀了自己师傅的手工制作学徒托马斯·韦斯在执行死刑的早上举止安静，他不在乎牧师的临终布道，而只在乎自己能否在围观的群众面前表现得英勇一些。他成功了，他高声说话，走上绞刑架，向两边的人群鞠躬，因此得到了群众的掌声。一个将死之人面对死亡只关心能否给别人留下好印象！在当年的法国，有一个因企图弑君而被判处死刑的伯爵，同样，他只担心能否在审判时体面地出现在元老院。这种情况早已有之，马迪奥·阿莱曼的小说《古斯曼·德·阿尔法拉切》所写的引言中说道："许多灵魂迷失的罪犯把自己最后的时间用于一篇微不足道的布道辞上——他们在绞刑架前所宣读的东西。"我们可以从中寻到自己的身影，因为在事物的极致处才能显现出其本质来。我们的忧心、烦恼、操劳、愤怒、恐惧在大多数情况下的确与别人对我们的看法有关，这让我们显得与上述那些可怜的罪人一样荒谬，我们的嫉妒和憎恨也有着相同的根源。

显然，我们要增进自己的幸福，需要依靠内心的平静和富足，再没有将这种意欲的强度减弱更好的方式了。我们要把它放在合适的位置，或许只是现在的五十分之一。能达到这样的程度，我们也许就能把这根令人伤痛的刺拔出来。不过，这十分困难，因为这是我们的天性使然，天性是不容易改变的，正如塔西佗在《塔西佗历史》中所说："智者到最后才会放弃名声。"

我们要杜绝此类事情，只能让人们知道做此类事情的愚蠢。我们必须明白：人们的很多看法和态度都是非不分，或很荒诞，所以我们不必重视它们，它们也不会对我们造成实质性的影响。

最后，名誉的价值对我们而言是间接的。当我们抛弃了这种愚蠢的偏见，我们内在的富足带来的安静就会以惊奇的速度增加，我们的举止和态度会显得更加率真自然。隐居对我们心绪的安宁很有好处，因为我们的生活摆脱了他人的视线。在别人的视线之外，我们会慢慢恢复自我，这样我们就可以避免很多不幸，从而能更好地享受现在所拥有的事物，不受任何其他事物的干扰。不过，希腊有句谚语："真正的高贵难望其项背。"

人的本性

真理在物质世界具有客观外在的意义,丝毫不存在主观内在的意义。主观内在的意义是心智和道德的真理特权,主观内在的真理和物质世界的真理涉及意志客观化的最高和最低限度。

比如,我们推测太阳活动产生了热电、磁场、极光。这种想法一直仅是臆想,如果要把臆想确立为真理,这在客观外在上意义重大,但在主观内在上却没有任何意义。同样,我们可以从真正的哲学体系、悲剧性结果以及人类极端的善恶性格的考察中,发现主观内在意义的事实。这是因为,这些都是同一"实在"的不同表现,这个实在和客观世界一样,有外表形态,同时,在它客观化的最高阶段中尽显它的内在本质。

客观世界只有物质意义，而没有道德意义的说法十分荒谬，这是一种根本上的错误。我们感觉到世界的道德意义，确定它的存在，对它进行解释和说明，然而，要解决它和实相世界间的矛盾却并不容易。确实，这个工作十分艰巨，也许还要提出一个健全的、超乎时间的道德基础及其各种结果。事实上，道德方面的现实情况都证明了我的看法。

要是有大学教授仍然对我的道德学说不表示关注，那就会使康德的道德原则一直流行，尤其是其中的"人的尊严"。我早就指出这种看法是个谬论，因此，要是有人问我，人的尊严以什么为基础，我便会不假思索地回答，是道德。也就是说，人的道德和尊严互为基础。

除去这种老调，让人觉得尊严只能讽刺地用在人类这种有罪恶意志的东西身上。如果人的观念是一种罪行，人的出生就是惩罚，人的生命是在劳苦尽头的死亡，那么人类还有什么值得骄傲的啊！

在这里，我想建立与康德道德原则不同的法则。在与不同的人交往时，不能根据人的价值和尊严对他做客观评价；不要管他的恶意或错误的观念，因为这样会使你憎恨或者轻视他。关注他的苦难、焦虑、痛苦，会使你觉得对他很了解，你会同情他。同情与憎恨或轻视相比，会给我们带来福音和安宁。只有把他当作怜悯的对象，而不是寻找人的尊严，才能抵挡住憎恨和轻视。

将东方道德观念同柏拉图说的义、勇敢、自制和智慧比较后，我们会了解，后者的选择理由充分。意志的性质是德行，理智的属性是智慧。西塞罗所谓的"节制"具有多种解释——谨慎明辨、禁戒健全的头脑。虽然勇敢有时是实现德行的工具，但其本身不能算是德行，因为它有时也会成为卑鄙的仆人。事实上，它是节制的一种性质。很多人批评柏拉图列举的德行，并指出德行的真正内容是：勤俭、服从、公正、仁爱，但我认为这些内容并不理想，在中国人眼中，德行是：仁、义、礼、智、信。

人类的善恶德行，取决于我们对别人的态度是羡妒还是同情。由于在别人和自己命运间产生的比较，每个人都具有了这两种相反的性质。通过这种比较的结果，个人的行动原则就会有所倾向。羡妒和同情在人与人之间起着绝对不同的作用，一个使人隔远，一个彻底拉近人与人之间的距离，使自我和非我之间的区别消失。

我们应该考察一下勇敢——勇猛德行的基础。古人把勇敢看作德行，认为怯懦是恶行，但是在基督教义里，博爱和坚忍被宣扬，勇敢不再是德行。即便如此，我们必须承认怯懦与高尚的德行并不相悖。然而，勇敢可看作为了避免更大的不幸，准备用以克服目前威胁性的不幸；而怯懦的表现正好相反。在这里，勇敢的"准备"与坚忍属于同一性质，它们都是为了避免将来更大的不幸。正是因为它才使我们忍耐和自制，从某种意义上说，勇敢就是一种坚忍，并且和德行接近。

但是，我们应该可以从更高层次上来看待勇敢。由于对自然哲学了解甚少，人类对死亡充满恐惧，否则，人就会在一切外物之中自在地活着，相信身体的死亡对自己并无多大损害，这种恐惧只建立在感情上，可也正是这种信心，才有了人类英雄式的勇敢。因此可知，勇敢、公正、仁慈和德行出自同一根源。这是一种崇高的观点，只有它才能解释怯懦和勇敢的不同性质，由此，人类十分看重自己。所以，如果认为勇敢只基于效用，或者只赋予它经验性而没有超越性的话，这种解释就不够充分。也许正是出于这个原因，西班牙剧作家卡尔德隆在勇敢问题上曾经表示怀疑但却明白的意见，在实际上否认了它的存在。他说："虽然所有人的自然恐惧都一样，但是，一个人却可以通过使自己看不到它而变得勇敢。这就是形成'勇敢'的东西。"

对勇敢的评价，可以说古今有别。但我们不要忘记，古人的德行，指的是本身值得赞美的优点或属性，这既可能是道德或智慧方面的，也可能是肉体方面的。古人的德行范围非常广泛，有几个例子可以说明，比如说，肢体各部分的均匀被认为是美德，把鞋子做好被认为是鞋匠的美德，这对我们了解为什么古代伦理学中的善恶美德会在这个时代中失去地位有很大帮助。

和勇敢在美德中的地位一样，贪欲在恶德中的地位也尚无定论。不过，可以肯定贪欲和贪婪不同。有一种观点认为，贪欲只不过是奢侈浪费的反义词，并非恶德。如果只顾眼前的享受，就会产生奢侈浪费，这和仅存在于思想中的未来相比，根本不值一提。由于一种错觉，奢侈浪费者认为感官的享受具有积极性和实际价值。因此，他们暂时的取乐导致了将来的不幸和贫乏，或者，培养了他们的自负与一种没有任何意义的错觉。所以，我们要像避开疾病一样避开奢侈浪费者，在发现某人有这种倾向时也要及时远离他，免得我们以后要为他的浪费埋单。

如果奢侈浪费的人有机会保管别人的财产，千万不要以为他不会动用这份财产。毋庸置疑，奢侈浪费会带来犯罪，可是，贪欲带来的余欲受到大家的欢迎。假如恶德能产生好结果，那么它一定是好的恶德。贪欲基于以下基础产生：幸福之中的快乐只是幻想，一切快乐只具有消极效用；与此相反，痛苦积极而真实。由此，贪欲的人抛弃前者以便从后者中获得更多，于是，他们便容忍而自制。而且，因为他们知道不幸无所不在，所以他们用各种避免不幸的手段，为自己建立了一道坚固的墙，再怎么小心翼翼也不过分。那些知道命运恶毒的人，就算犯了过分谨慎的错误，也不会危害到他人。假如有谁不利用自己的财富，这些财富总有一天会使别人得益。在这之前，他们能把金钱从流通中收回，那这就不算什么灾祸，因为金钱并非财富本身，也不是消耗物，它只是财富的象征。

货币作为筹码，其价值在于它所代表的东西，而这不能从流通中回收。而且，收回一部分钱，会提高流通中剩余货币的价值。和守财奴为爱金钱而爱金钱一样，浪费者奢侈花钱，也没有合理的理由。可以说，和守财奴交朋友有益无害，因为你会变得克勤克俭，有时还会得到一点接济，这会给你带来很大的利益。无论如何，这些都不能从浪费者那里得到，因为浪费者本身就处在无助的境地。西班牙谚语说得好："硬心肠的人比身上不名一文的人给得多。"可见，贪欲并非恶德。

另一方面，有人认为贪欲是万恶之源。动物性对引诱人偏离正道负有不可推卸的责任。肉欲的吸引力之大，会使人屈服于当下的表象，而不记行为的后果。然而，在年老体弱时，过去形影不离的恶德会自动离开，人们丧失了追求肉体快乐的能力。在这时，如果人们转向贪欲，那么心智上的欲望比感官上的欲望保留更久。曾经代表着财富的金钱，此刻却成为熄灭了肉体欲望的干枯躯体。这些欲望转向财物，以这种方式又复活。感官上的短暂快乐，转变成对金钱深思熟虑的欲求，这种欲求有其象征性，无法消灭。对现有快乐的持久贪爱，好像过了很长时间后就自动消失了。这种肉体上高尚文雅的欲望，显然根深蒂固，它是一切欲望的抽象形式。因此，正如浪费是年轻人的恶德一样，贪欲是老年人的恶德。

这两种对立的意见无非是想让我们接受亚里士多德的道德观，同时也支持了以下观点：

人类的完美和缺点间存在这样的关系：每一种完美都与一种本身将要形成的缺点联系在一起，反之亦然。所以，我们在刚认识某人时，由于把他的缺点同与这些缺点连在一起的完美相混淆，我们对他产生了误解。比如，谨慎小心似乎是懦夫、克勤克俭的是守财奴、奢侈浪费者慷慨大方、粗鲁者则直爽诚恳，而鲁莽者好像非常自信，等等。

人类世界中，所有的人都会一再感觉到，道德的低落与心智的无能彼此相关、如出一宗，但实际情形并非如此。我们产生这种错觉是因为两者常常一起出现，同时我们也需要用两者之一的经常出现来对环境做出解释，所以我们看到两者必须一起出现。当然，不可否认两者之间有互利关系。没有智慧的人，将自己的不义、卑鄙和恶毒表现于外，然而聪明的人却懂得怎样掩饰这些。相反，内心的邪恶常使人看不到自己智慧所能把握的真理。

诚然，所有人都不该说大话，包括天才在内。所有人的所知范围都非常有限，因此，本源和本质上邪恶而愚笨的人类之间没什么区别。同样，每个人在本性上都有邪恶的一面，就算是最高尚的性格，有时候也会因隔离的堕落腐败特性让我们大吃一惊，好像它本和人类密切相关一样。至于残酷也是一样，一个人必然成为人，是因为他身上具有这种邪恶的原则。同理，一般世界就是我对它的反应所表现出来的情形。

虽然如此，但人与人之间的差别依然很大。当有人看到别人的实际情况和自己一样时，就觉得可怕。道德上邪恶的想法，不仅使它的喜爱者穿透一切遮盖物，还令他揭起遍布一切事物之上的伪装、欺骗、虚伪、借口、虚假和诈欺的面具！在一切道德外衣下面，真正的坦诚是多么稀少，在最深处隐藏的邪恶是如此之多！因此，就出现了许多衣冠禽兽，因为人类只有看着狗类绝对的忠诚面孔，才能摆脱无穷的假装、虚伪和恶毒。

在文明的世界里，除了伪装，还有什么东西呢？在这里，你可以遇到形形色色的人物，但是他们并不像他们所扮演的角色那样。在他们假面具的背后，隐藏着另一个不同的人。在此，有人用法律的面具挡住面孔，无疑可以名正言顺地痛殴别人；另一个人则可选择其他面具，如爱国者的假面、福利的面具，或者其他。人们怀着不同的目的戴上假面具，以便更好地去追求目的。当然，女人可选择的范围相对不大，她们只有道德、谦恭和家庭生活的假面具。此外，还有许多没有任何特殊性的随处可见的假面具。在这些面具中，有深受人们喜欢的正直、诚实、礼貌、真挚的同情心和微笑的友谊。通常是那些工商业或投机买卖者躲在面具后面，而只有商人暴露出自己的本来面目，成为坦诚阶级，所以，他们的社会地位低下。

一个人应该尽早明白，他所在的世界是伪装的世界，不然的话，就无法了解并忍受许多事情，有时甚至会完全迷惑。"邪恶"喜欢这东西。在同行中，那些最珍贵和伟大的东西常被忽视，憎恨真理和伟大能力，学者们对自己的领域无知，真正的东西常常因仅是一时之需而受到轻视。所以，一个人在年轻时应该懂得，这个伪装世界中的鲜花是用布做的、肉是合成的，所有的东西都没有价值。你可以看到，有人拿假货卖钱，同样，有人用伪钞来买东西。

可是，还有比这更坏的事值得注意。从文明如何驯服和约束人类的过程中可以看出，人在根本上是可怕而野蛮的兽类，所以，我们害怕他的本性会不经意地爆发出来。无论何时何地，只要少了法律的约束和政府的管制，人类就会暴露其本来面目，我们不必身处无政府状态就能感受到这种情况。无数资料都在向我们展示，人有着与土狼一样无情残酷的一面。在读了《奴隶制度与北美合众国内奴隶贸易》一书后，没有一个人不感到恐惧，很少能有人不为其落泪。本书对人类提出了最大的控诉。不管你对奴隶制如何理解，也不管你将它想象成什么样子，当你读到那些披着人类外衣的恶魔——那些打着仁爱幌子的衣冠禽兽，如何对待落入他们手中的黑人兄弟时，以上讨论的情形都显得微不足道。

还有从柴哈第《秘鲁游记》和麦克劳德《东非游记》引出的例子，它们分别描写了秘鲁军官对待士兵的情形和葡萄牙人如何冷酷残忍地对待他们的奴隶。此外，在1849年的英国，为了领取埋葬金，成千上万的夫妻相互毒杀，有数不胜数的子女被父母折磨至死，同时，为了获得更多的金钱，他们想方设法为孩子在不同的地方投保，有的同时投保几十处。这的确是人类犯罪史上最悲惨的记录，但这也是人类内在固有的天性。

每个人首先具有强烈的自我中心主义，这种自我中心会以最大的自由突破公理和正义，这在日常的小规模和历史上的大事件中有相同的表示。欧洲各方势力需要一种为各国所能接受的均衡，并急切需要保存这种均衡，从众人的残忍本性得到了证明，这种本性让人一见到弱者就会吞食它。这在日常小事上也不例外。

可是，无限自私的本性总和其他一些东西相互交织，比如憎恨、愤怒、忌妒、怨恨和恶毒。它像毒蛇牙齿上的毒液，时刻等待着发泄，然后像魔鬼一样，任意所为。一个人如果失去了逃避的大机会，他会抓住想象中的小机会，并想着它渐渐成为大机会，因为无论多小的机会都足以引起他的愤怒。他随后会竭尽所能把小机会扩大。这种在日常生活中发现的情形，如果在突然爆发时没有遇到阻碍，那么爆发的主体定会感到好一些。发怒并不意味着没有快乐，这是一个得到亚里士多德承认的真理。他从荷马书中引出一段话，荷马说发怒比蜜糖还要甜。不仅如此，憎恨也一样，它与发怒就像慢性病与急性病之间的关系。随意地憎恨可以给一个人带来最大的快乐，既然如此，人们在匆忙中相爱、在悠闲时憎恨，以获得最久的快乐。

虽然人们不满意高宾诺的说法，但是他的观点却击中了人的要害。高宾诺说的没错，因为人是唯一使人痛苦的动物，此外他没有别的目的，其他动物绝不会如此。它们杀死一个动物，目的是为了吃掉它或捍卫领地。没有一个动物只为纯粹的折磨而伤害另一动物，可是人却会这样，正因如此，人类品格中有了残酷的特质，这比单纯的兽性更坏。这种情形无论在宽泛意义上还是在小事上都很明显。从小孩子对小动物的抽打中，可以看出这种本性。同样，一个人并不会因为表示过讨厌别人的打扰而免受打扰，相反，他应该小心，不把任何琐事放在心上，因为只要他这样表示，就会有人故意冒犯以取乐。人们见到小动物，为了高兴，他会把它踏在脚下，这就是动物害怕人类的理由，只有人类才打猎，虽然这对他来说既没有用处，也没有害。

实际上，每个人的内心里都潜伏着兽性，只要有机会，它就想把痛苦施给别人，甚至杀死一个对其造成妨碍的人。所有的战争和战斗欲望都由此而来。只有运用智慧，才能对人性加以控制，我们不妨将这种本性称为人性的根本邪恶。我认为，人生充满痛苦，人类为减轻痛苦想方设法让别人产生痛苦，这就是生活的意志。因此，一个人真正的残忍和恶毒的本性就在这里显露无遗。在康德看来，物质通过扩展和收缩两种对立而存在，同样，人类社会也通过憎恨、愤怒和恐惧等对立而存在。在生活中，如果不伴随着太大的恐惧的话，每个人恶毒的本性会使我们有谋杀行为。

  在人性表现形式中，幸灾乐祸无疑是最坏的特征。这是从残忍中产生出的非常残忍的感情，它占据了人性中本为怜悯的位置——真正正义和慈悲的本源。另一种意义下，怜悯的反面就是嫉妒，嫉妒是在幸灾乐祸相反的原因中产生的。怜悯和这两者的对立，这主要基于产生它们的时机。嫉妒是我们感觉到的原因产生的直接结果，因此嫉妒虽是不好的情感但却可以解释，一般情况下，它是一种合乎人性的品质，而幸灾乐祸则会招来咒骂，它是残酷可怕的地狱之声。

  从上述可知，幸灾乐祸占据了本为怜悯的地位。嫉妒却不一样，它仅占据与怜悯相反感情的地方。因此，嫉妒仍算是人类的情操，恐怕没有一个人能够避免。当一个人看到别人拥有自己没有的东西时，自然会产生缺乏感，也可以说是必然的。可是，因此而憎恨那个比自己幸福的人则不应该。但是，真正的嫉妒就是这种憎恨。然而，当一个人由于自己的天赋而幸福时，我们就不应该嫉妒，因为这个人的幸福以形而上学为基础，也有更高的证明。可是，嫉妒容不下的，正是这个人得益的情形。所以，一个无法藐视世界的天才要想为这个世界所容，就不得不为自己的存在找些理由。

　　换个方式说，如果一个人是由于财富、地位或权势而产生嫉妒，那么，自私心理就可以压制这种嫉妒。这种自私心理认为，只要机会合适，就有希望从嫉妒者那里得到好处。或者说，和比自己优越的人交往，可以借此增光。他还希望总有一天自己会从中获得好处；如果一个人嫉妒别人的天赋才能或优点，比如美丽和智慧，那就不会得到任何安慰和希望，因此，只有在痛恨中怀着报复的希望。

　　诚然，嫉妒者处于不利地位，因为我们一旦知道他是打击的来源，那么打击就失去了力量。所以，他像隐藏罪恶一样隐藏这份感情，为了能给嫉妒的对象造成伤害，他渐渐成为一个诡计百出的阴险家，变成一个精于掩饰的人，假装着毫不关心使他深感忧伤的事情，对它们视而不见；对于比他优越的人，他会装作若无其事，好像这个人根本不存在，但他会在暗中尽力打击那些能使这人长处发挥的所有机会，同时以很不友善的方式攻击这些长处；他会赞美一些无关紧要的人，有时还做出毫不相干的动作；最后，他会变成阴谋诡计中善变的人，暗中伤害别人而不让别人知道。可这徒劳无益，他终会露出本性。尽力逃避嫉妒对象使他更加孤独——这也是被嫉妒的漂亮女孩没有同性朋友的原因。同时，无缘无故地表现出来的憎恨也显露出他的本相。因此，在这个世界上有多少人具有平凡人的美德，成为一个需要注意的问题。

对自觉和荣誉而言，看到意识深处并表现意识倾向的羡妒最令人喜悦。但不要忘记，只要羡妒存在，就会有憎恨。同时，不要错把所有羡妒的人当作朋友。因此，我们应该对这种潜伏着的、无所不在的羡妒进行研究，进而发现它的秘密。它不值得宽恕和同情，可是，因为我们从来没有调和它的办法，所以，我们应该用行为蔑视它，从幸福和荣誉对它是一种桎梏的角度说，我们要乐于蔑视它。

人类的邪恶使我们恐惧，那么来看看人生的不幸，如果我们对此情景也感到可怕的话，那就再回头看看人类的邪恶。从中会发现，不幸与邪恶相互影响。我们会感到事物的永久正义公理，因为我们将会知道，世界本身就是对它的最后审判；我们还会了解，为什么各种生物不论生存和死亡，都必须为生存付出惩罚，因此，惩罚的不幸与罪恶的不幸一致。

万事万物都莫过于此，尤其是人类世界，它在道德上卑鄙而自私，在理智上无能而愚钝。然而，人类世界也有诚实、善良、高贵的思想、才智，它们是无尽黑暗中的恒星，不会消失。

我们可知，道德的最后基础是"这就是你自己"所表现的真理，这适用于一切生物。基于此原则而产生的行为可视为神秘主义的起源，比如慈善家的作为。只要是因纯粹善意而从事善举的人，都与现实世界直接冲突。所以，公正无私的善良都是无法解释的，只有通过种种的虚构才能解释它。康德推翻有神论时，仅承认一个论证，这种论证对这种神奇行动以及类似于它们的其他行动给予了最好解释和解决。可见，这种从理论上无从证明的假设有实际效用。但是，他是否真正重视这一点值得我们怀疑，因为，有神论基础上的道德是自我主义的。

从一个客观出现在我们面前的人身上认识自己真实生命的说法，在这里有特别奇妙的表现方式，那就是一个自认为没有生存希望的人，全心全意为了别人的幸福而牺牲自己，例如，被疯狗咬伤的人认为自己没有希望了，就抓住疯狗，不让它咬别人。蒂斯奇宾曾描写过这样的故事，一个父亲为救儿子，情愿被洪水卷走也不愿两个人都活不了。史考特在《米德洛松的中心》一书中提到，两个被判死刑的囚犯，由于其中一人的笨拙，另一个人被捕，最后他击倒看守使另一个逃走，而丝毫没有想到自己。在所有的事例中，这些人面对一种直接的毁灭性都尽力去救人而不是救自己。被毁坏和毁坏本身都是一种现象，相反，遭遇死亡者的生命并没有真正接触死亡，而是继续活在别人身上，如何能更明白地表现这种意识呢？因为，如果不这样，如果死亡的是他真正的生命，那么他就不可能对别人的幸福和存在表示同情。

有两种方式会使一个人感到自身的存在：一是凭经验知觉认识到，自己属于世界的千百万人类中的一个；二是通过发掘自己的本性，他能够认识到自己生命的完全与真正唯一性，并能从他人身上再度发现自己的影子。在这两种自我认识的方式中，第一种方式只把握到现象，第二种方式使人认识到自己就是"物自体"（the-thing-in-itself）。

尽管康德的吠陀支持我的这两种方式，但确实有人反对第二种方式。这就是说，同一生命能够在同一时间在不同的地方出现，而且在每个地方都是完全的，这从经验看来绝对不可能，但对物自体来说却是真实的情况。在经验看来，这种不可能性只是由于现象所取的形式而与个体化原理的一致。因为，物自体与生活意志作为整体存在于一切事物上，不论属于现在或将来，也不管是大是小。这就是为什么每样东西都以自我为中心，只要自己存在，世界毁灭也不可怕。事实上，就算世界只剩一人存在，他也依然能完整无损地拥有这个世界，并且嘲笑世人的毁灭是错误的幻象。在此可能存在一种与之对立的结论，即整个世界会随着最后存世者的毁灭而毁灭。神秘主义者西利西斯因此表示，如果他灭亡，上帝会随他一起灭亡。

可是在经验观点中，我们可以在某种范围内认识到，自身完全有可能在其他意识上存在并与自己分立。梦游者就属于这一情形，虽然他时刻保留着自我的同一性，可他醒来时却对此前做的一切都一无所知。同样，个人意志也是一种现象，所以，在同一自我中可能产生两种互无所知的意识。

劝诫与格言

人生的基本规则

（一）幸福与痛苦

亚里士多德在《伦理学》里说过："快乐不是贤者的追求，他们只追求因痛苦产生的自由。"

这是人生最高的智慧。它告诉我们一个真理：所有的快乐都具有否定特征，而人生拥有的痛苦却是绝对的。一些常见的事实就可以对此真理加以说明，比如人在健康的时候，并不会意识到健康一事，而疼痛总能使我们的注意力全部集中到那里。我们在生活中，同样会受困于一小块伤痛：在各种事情都照着我们的想法进行时，如果有一件——哪怕是微不足道的一件小事不如意，它就会进入我们的大脑。我们会惦记着这件事，忽略了那些更重要、并且已经如愿的事情。在这两种情况中，意志成了我们的阻力，它在前者中体现在机体内，在后者中体现在生存斗争中。在此，我们的意志显然都未得到满足，因此，意志满足不能被直接感知，它至多会在我们思考境况时进入我们的意识。可是，抵制意志的东西却是现实的，它通过阻碍意志以显示其存在。每一种快感，在本质上都是因为意志所受的抵制被消除了，所以快乐才稍纵即逝。

　　亚里士多德的规则教育我们不要只着眼于生活的快感和乐趣上，应该把注意力放在尽可能躲避数不胜数的灾祸上。的确如此，正如伏尔泰所说："快乐只是幻梦，但痛苦却真正实在。"因此，衡量幸福的标准，不是曾经享受过的欢娱和快感，而是痛苦的消逝。人到了老年卸下生活的重担，这是很大的安慰，所以，没有受过什么大灾难是一生最幸福的事，但要是把享受过欢娱和快感作为衡量幸福的标准，就大错特错。因为，享乐的性质永远是否定的，它不可能带给人真正的幸福，这就是嫉妒之人的痛苦根源所在。然而，痛苦是肯定的，能在多大程度上避免痛苦才是幸福的标准。

　　如果谁能够达到远离一切痛苦，而且不因此觉得无聊，那么与其他虚幻不实的一切相比，他确实得到了幸福。这告诫我们，用痛苦作为代价去换得快乐得不偿失，因为这是在拿肯定和实在的东西购买否定而虚幻的东西。相反，如果我们牺牲享受来避免痛苦，就会受益匪浅。在此，痛苦是先发生还是后到来就不重要了。谁要是试图把人生的舞台当作追求享乐的地方，千方百计地追求欢娱，而不是尽力避免痛苦，就犯了本末倒置、缘木求鱼的错误，只有那些严阵以待、克服生活困苦的人才有真实的生活。愚蠢的人处心积虑地寻找快乐，到头来一场空；而聪明的人则想方设法避免灾祸。如果他们没有达到目的，那只能算他们的运气太坏，而一旦如其所愿，他们就会有切实的感受，而不会有上当受骗的感觉，因为那些灾祸的确曾经存在。如果聪明人真的为避免痛苦而牺牲了生活中的享乐，由于享乐的快感只是虚幻，他也没有真正地受损失。

　　我们之所以遭受众多不幸就是没有认识到这个真理，乐观主义在这里也有莫大的责任。没有痛苦时，享受的欲望就给我们带来虚幻的快乐、欢娱的错觉。这些幻象离我们越来越近，就这样，我们招来了真实的痛苦。此时，无痛苦的状态一去不返，犹如我们轻率地放弃了的天堂，一切都不能再回头。一种无形的力量用欲望的幻象引诱我们舍弃没有痛苦的空间。然而，没有痛苦的状态才是真实存在的幸福。没有头脑的人认为，这个世界就是享受的场所,享乐的幸福实在地充满着世界,对没有得到幸福的人来说,只因他们不够聪明和灵活。大多数人为外在面子而做出虚假的动作,也为这一观点增加了论据。一旦树立起这种观点,人就开始追求和守候幸福,而这种幸福在他眼中是一系列确定的快乐。然而,在这追求中存在着许多风险。如果没有例外情况,在这场对虚幻猎物的追逐中,他注定会遇到肯定而真实的不幸——苦痛、疾病、烦恼、忧患、损失、贫困、耻辱等。等他认识到命运的真相时,为时已晚。

相反,如果一个人能认识到我所说的真理,看到实在的灾难并努力地避免生活中的种种苦难和疾病,那么他的目的就具有真实性;如果我们的生活计划被追求"肯定幸福"的妄想打扰得越少,则越有可能实现这一目的。歌德在《亲和力》中曾说道:"如果一个人试图摆脱某种祸害,那他总是清楚地知道自己的目的;但如果一个人总想着得到比自己已经拥有的更好的东西,那他就是相当盲目的。"这让人想起一句美妙的法国谚语:"更好是好的敌人。"的确如此,可以说犬儒学派的基本思想就出自这里。对犬儒学派来说,他们之所以摒弃所有的快感和欢乐,是因为他们认识到这些都是虚假的幻象,而避免痛苦才是真实而重要的。他们真正懂得享受和痛苦的本质属性，所以，他们树立起避免生活中的灾祸的目标并为此放弃享乐，因为他们知道，虚假的享乐幻象下隐藏着让人痛苦的陷阱。

当然，我们生于充满了幸福和快乐的人世，怀抱着更加美好的思想。但当命运降临时，我们迅速地明白，我们的一切都被命运不容置疑地主宰，甚至我们身体本身。不管怎样，我们很快就能体会到，幸福和快乐只不过是海市蜃楼，只能从远处看到它的幻象，走近了，它就不见踪影。与此相反，痛苦和磨难具体而真实，不必幻想我们就可直接感受到它的存在。

假如我们能从经验中得到有益的教训，那我们就会自动停止对幸福和快乐的追求，自然地把目光转向避免痛苦的道路上，这样，我们就能体会到世界的痛苦、宁静，它能让我们勉强生存。我们必须限制对世界的欲望和要求，只有这样我们才更有把握实现它们。不要求幸福，也就避免了最大的不幸福。歌德青年时期的朋友梅克就认识到了这一点，他说："我们对于幸福的过分期待毁坏了这世上的一切，毁坏的程度与我们做梦的程度相一致。谁要是摆脱了过分的期待，除了自己已经拥有的不再奢望更多，那么，他就能够安然无恙地生活下去。"对快乐、排场的追求和争夺给我们带来了巨大的不幸，所以，我们应该克制对财产、快乐、地位等的欲望，让它降到一个适宜的程度。我们降低欲求明智而合理，因为不幸的生活轻而易举，但获得幸福的生活却困难重重，有时甚至绝不可能。所以，智慧的诗人贺拉斯如此歌唱：

> 挑选了黄金般的中庸的人当然远离了寒酸的破窟，
> 也远离了众人羡慕的王公宫殿。
> 遭遇风暴时，巨松树顶就在风中摇摆，
> 高耸的石塔会沉重地倒塌，
> 高山之巅会被雷霆击中。

如果谁接受了我的哲学教诲，那他就会明白，整个存在本身还不如不存在为好。否定和抗拒这一存在才是人的最高智慧，这样他就不会期望一切东西，也不会热烈地追求世间的一切，也就不会因此强烈地抱怨一无所得。他反而会铭记柏拉图的教导，时刻念着"没有什么人、事值得我们过分地操心"。而安瓦里为《玫瑰园》写的格言也是如此有说服力：

> 如果你失去一个世界，不要为此悲伤，因为这是微不足道的；如果你得到一个世界，不要为此高兴，因为这是

微不足道的；苦乐得失都会过去，都会离开这个世界，因为这都是微不足道的。

当然，由于世人的虚假，这一健康的真理很难被接受。人们早应对这种虚假有所认识，那些奢华和辉煌的不过是表面而已。人们张灯结彩、鼓乐齐鸣，都不过是欢乐的表象，在这欢乐的场景里难以找到欢乐。因为欢乐拒绝在这种场合露面，欢乐从来不张扬，它所到之处也是平凡无奇，日常普通的地方足以让它光临。欢乐就像沙粒中的金矿，它们分散在各处、在一望无际的沙漠中，从不在某一地集聚现身，而这些热闹喧哗的场景，不过是人们的幌子，目的就是造成欢乐的假象，从而使人们相信这里有真正的欢乐存在。

不仅欢乐如此，悲伤也不例外。看看长长的送葬队伍吧，他们悲伤、痛哭，长得没有尽头。可是当看到里面，我们会发现什么也没有。死者无一例外地被车夫送到了墓地，其中蕴含着的人间友谊和尊敬，也就是这些。这正说明人事的不真实和伪善。再让我们看一下高朋满座、车水马龙的隆重场合。从表面看，大家兴高采烈，迷醉于欢快的氛围中，可人们在其中真正感觉到的是拘束、尴尬和无聊。人多的地方，也是鱼龙混杂的地方，尽管每个人都在炫耀荣誉。而真正优秀的聚会必定是小型的聚会，辉煌热闹的大场面其实空洞，内藏着不和谐的因素。因为这喜庆的氛围和我们苦难的生活实在不相融，而这种反差更清楚地说明了事情的真相。单从表面上看，这些热闹的聚会也取得了一些效果，这就是它们所追求的。尚福尔相当准确地看到了这一点，因此他说："我们所说的聚会、沙龙等社交活动，不过是一出悲惨的戏、一台糟糕的话剧；它烦闷、乏味，依靠机械、服饰和包装来做暂时支持。"学士院和哲学教席也是如此，它们外在的门面似乎是真理的化身，而真理却拒绝在这个地方出现。我们总不能在这些虚假的门面里找到真理，因此，要尽可能地把世上的一切看作空心的果核，要想找到真理，只能到别的地方。

（二）幸福的衡量

看一个人是否幸福，不应该看那些令他觉得快乐的事情，而应该了解那些让他烦心的事。困扰他的事越少、越微不足道，他就生活得越幸福，因为，只有处在安逸舒适的状态中时才能感受得到细微的烦恼，我们真正不幸的时候，就感觉不到这些小事了。

如果我们向生活提出太多要求，我们幸福所依靠的基础就被扩大了。基础越大，遇到变故的机会越多，建立起来的幸福就越容易倒塌。在这方面，幸福的基础和楼房的基础恰恰相反。所以，只有尽可能地缩小幸福所依靠的基础，根据自己的能力和条件，尽可能地减少对生活的要求，才能获得幸福。

（三）计划与未来

通常说来，不管通过什么方式，人们常做的蠢事就是过分地为生活未雨绸缪。要为将来做好详细的计划，必须依赖一个条件，即活到至高的年龄，但很少人能做到。就算一个人能活得很长，比起他的计划来还是过于短暂，因为，计划真正实施起来所花费的时间要比计划中的更多；此外，这个过程中会遇到太多的阻碍和失败，因此很少人能够成功。就算到最后我们成功了，时间给我们自身带来的变化也不容易忽视，现在的成绩也许是当初的我们不曾想到的。因此，有种情形经常发生：我们苦心经营，但成功后却发现我们的需求已经变化。或者，有时候我们费尽心机地为某项工作准备着，但最后，却没有实施计划的能力了。有的人从开始就拼搏奋斗，历尽千难万险，最后获得财富，然而到此时，我们却丧失了享受这些财富的能力，其实，我们是尽心尽力地为别人经营了一回。

有的人经过长年累月的积累，终于如其所愿爬上高位，可这时却无力胜任了。我们所追求的结果来得太晚，这样的事情真是数不胜数。然而，相反的情况是，做一件事情，我们下手得太晚，当我们取得成就的时候，这种成就早已经不合时代的口味了，早已有人赶在了我们的前面，这是不足为怪的。贺拉斯在这里就说了很有意思的话：

为何耗损你的灵魂！它远远应付不了你定下的永恒的计划。

是什么诱使我们犯下这个错误？原来正是我们思想之眼产生了不可避免的错觉。基于这一错觉，人生总在开始的时候显得一望无际，可是，站在人生旅程的终点回望时，生命就显得相当短暂。当然，也正是由于这种错觉，伟大的事情才有了发生的可能。

生活中这样的例子很多：观看一个景物时，近处的观感与远处的观感并不相同，它们好像随着旅行者的靠近而变换了形状。我们的愿望正如这形状。一般说来，最后我们得到的与我们当初追求的并不一样，甚至比当初追求的要好；或者，开始时我们认准了一条路去追求始终一无所获，却在另一条路上实现了愿望。此外的其他追求也一样,我们追求快感和欢乐,结果却得到了教训、思想认识——和那些表面的快感相比,这些才是真实而永恒的好处。这一思想在歌德的小说《威廉·迈斯特》中得到了体现,从而构成了这部著作的基调,这部小说也因此成为一部思想巨著。有许多好作品都在告诉我们一个真理,那就是在这个世界上,我们能够得到的只有教诲,而不是幸福。所以,我们要注重思想和认识,正如诗人彼特拉克所说:"除了学问,我感觉不到任何别的快乐。"

我们内心深处对思想教诲的期待使我们具有了某种沉思的、天才的和高贵的气质。在此我们可以说,这跟炼术士所遭遇的情形一样:在寻找金子的过程中,却发现了火药、瓷器、医药,甚至大自然的规律。

了解自己

（一）认清自己生命总体发展的路线

一个人在其生命流逝中并不了解自己的整个生命路线及其特征，如修建楼房的建筑工人，他们并不知道也不会时刻记住这座楼房的总体规则。当一个人的改变越独特、越有价值和意义，他就越有必要时刻认清自己生命总体发展的路线，并制订出自己的计划，这对他是有好处的。为此，他首先要"认识自己"，认识清楚自己现在和将来的真正愿望，因为这对幸福而言至关重要；此外，他还要清楚事物应处的位置，做到心中有数；同时，他应该清楚自己擅长何种职业，什么角色比较适合自己，以及自己与这一世界的关系。一个人对自己的生命计划有大概的了解，比任何事都能够增强他的信心，使他鼓足干劲激励自己行动起来，避免误入歧途。

旅行者在到达目的地后，只有回头看自己走过的路，才能够发现走过的道路迂回曲折。而我们只有在度过一段生命时期，或者在生命的终点，才能把我们所做的事、走过的路真正联系起来，形成一个整体观感，然后从中找到确切的因果关系，并了解到它们的价值。只要置身日常生活琐事中，我们的行事就会循着固定不变的性格前行，并受动机的左右、能力的制约。由此可知，只有事后的结果才让我们明白事情的因果链条；只有通过对整体过程的回顾才能使我们知道事情的全部真相。事实上，我们总认为我们所做的事情，有着理所当然的理由。

由此可知，我们在做一件事或将有大作为时，往往对此不甚清楚。我们只觉得这些工作正是当时自己打算要做的，它们在自己的计划范围内，是合理和应该做的事情。而到最后，当我们把生命的总体路线串联起来后，我们的性格和能力才会本色尽显；我们才能凭借着神谕般的感觉指引，在纵横交错的路途中不偏不倚地踏上那条唯一正确的道路。这种感觉既存于理智中，也存于俗世里。它是一种创造力，引导着我们做出选择，但由于其自身的不足，我们同样会被它引向不幸。

（二）现在才是唯一的真实

　　智慧的人生总有一个相似点，那就是处理好现在和将来的关系，在这两者间找到平衡，以保证现在和将来互不干扰。有些无忧无虑、漫不经心的人，他们沉迷于现在；也有些人为将来而活，小心翼翼、杞人忧天。他们很少能够把现在和将来的关系处理得恰到好处。那些全力注视着将来的人，眼睛总是盯着前面，不厌其烦地等待着将要发生的事情，好像他们全部的幸福就在那里。在这个时间段，他们对现在不闻不问，任它如流水东去。这些人看似很精明，其实愚蠢，他们一生都在自欺，他们只是暂时地活着。我们不应该只是计划和考虑将来，或者一味沉湎于对往事的回忆中，要明白一点：现在才是唯一真实和确切的。

　　然而，将来的发展好像总不能按我们设想的路线前进，甚至过去也与我们所回想的过去有所出入。总之，过去和将来，都不像表面看起来那么重要。这就像物体在人眼中的成像一样，距离远了，视觉里它就缩小，可是却在思想里放大。现在是唯一真实可行的时刻，只有在这唯一的时刻中，我们的生存才是真实的。因此，现在的每个时刻，我们都应该愉快地迎接，有意识地享受每一个现在的时刻。这意味着我们不要为错过太阳而忧愁失落，或者为将来的事烦心；我们不能破坏现在的时刻；我们不要用过去来牵绊现在的美好时光，也不要因为忧心将来而浪费现在。

我们可以在某一特定的时刻操心或后悔，但这一时刻过后，我们对已成过去的事情就应该放下。正如荷马所说："无论事情多么悲痛，我们必须让过去的事情成为过去，或许我们难以做到这一点，但我们必须降伏我们的乖僻心情。"面对将来的事情，不必伤神，要懂得一切都如《伊利亚特》中所说的："在上帝的安排之中。"总之，我们应该时刻记着塞尼加的话："把每一天都视为一段特别的生活。"

我们要明白，人生应该只为那些肯定会到来的，已然确定了发生时间的灾祸忧心，但这种情况罕见。将来的灾祸虽极有可能或肯定发生，可它什么时候到来全然无定。如果我们让自己受制于这两种灾祸，生命就不会有片刻安宁。为了确保生活平静安逸，我们就应当告诉自己，在近期内，这两种灾祸肯定不会发生，或者它们永远不会发生，这样才能避免我们的生活被确定因素打扰。

（三）简单是福

生活中所有的局限和节制都对我们的幸福有益。生活的圈子越小，视线越狭窄，我们就越幸福；而生活范围越大，焦虑和担忧就越多。因为随着生活范围的增大，伴随我们的愿望、恐惧、担忧就会增加，所以，从盲人柔和、愉快而宁静的表情里可以看出，他们并不如自己先前显示的那样不幸，这可能部分源于这一规律。因为在人的一生中，生活圈子的范围在不断伸展，所以我们的后半生比起前半生来就更凄凉痛苦。儿童时期，我们的视野很狭窄，仅限于周围的环境和简单的关系；青年时代，视野逐渐扩张；当我们成人后，我们所能认识的一切关系都被纳入视野范围，包括遥远的和眼前的；而年老以后，我们的牵挂又加上了子孙。

即使是理智活动中的幸福追求，也必然有限，因为痛苦总随着意志的受激程度而增加。众所周知，痛苦处于肯定状态，而幸福则为否定状态。从内外两方面来说，精神上的制约可以消除内在的动因，而限制我们的活动范围就可以消除和刺激我们意欲的外在动因。但是精神上的制约存在一个漏洞，即它向人们开启了百无聊赖的门户，而无聊正是人们无数痛苦的间接源。为了充实自己的生活，不被无聊所困，人们想尽了办法，想尽不同的方式娱乐、社交、奢华等，但这些却给人们带来各式各样的损失，浪费了金钱、使人浮躁，正如这句话所说的:"人们无事可干的时候难以保持平静。"

和精神制约相比,外在限制更能增进人们的幸福,甚至这些限制对幸福而言不可或缺。田园诗歌里描绘的幸福图画,表现的正是那些在狭窄的环境里过着简朴生活的人们。而我们正是因为受到了某种制约,才在观看那些所谓风俗画时感到愉悦。因此,为了使我们幸福,在保证不无聊的前提下,我们应尽可能地保持简单的生活关系,尽可能缩小生活圈子。更少地感觉生活就能更少地感觉到生活的重负,而重负本来就是生活的本质。如此,生活就像波澜不惊的小溪。

了解他人

（一）生活，也让别人生活

你想在这个俗世上生活得自在一些、争取幸福，就必须拥有一定的预见与宽恕能力——前者使我们免受伤害和损失，后者使我们避开世界的喧嚣与浮躁。

只要你活在这个世界，你就没有权力抛弃任何人——无论他如何邪恶龌龊，他都是自然秩序中的一员，我们应该将他当作不可改变的既成事实来接受。所谓"不可改变"是因为，这是由内在本性导致。如若我们遇到这样的人，你应想想《浮士德》摩菲斯特的话："哪儿都有蠢人和恶棍。"否则，这个世界对他来说就显得不公正，也就相当于递送上了决斗的挑战书。世上没有人能改变自己的个性，如性格、人格等。如果我们要谴责一个人，唯一的方法是与他进行一场拼死的搏斗——因为他除非转世重新做人，否则便无权在世上生活，但由于他的一切都取决于他的本性，因此这根本不可能发生。

你要在这个世界上立足，就必须允许别人以自己的个性存在，让他用天性来为世界服务，不要试图改变，也不要感到愤怒。这就是"生活，也让别人生活"的真谛，但这说起来容易，做起来难。如果你能毫不费力地躲开这些追逐名利的喧闹的人群，那你就是一个让我羡慕的幸福的人。

我们不妨就自然的物体来训练我们这样的宽容的耐性。这些自然在路上存在着，它们的存在妨碍我们做一些事情，所以，我们可以用此暂做练习。随后，我们可以把得来的经验应用于生活。我们应该对以下情况司空见惯：别人的做法有悖于我们的本意、阻碍我们做事，这是由于他们本身所具有的天性所致，与自然的物质同性。所以，对此动怒就跟对路上的石头动怒一样愚蠢。所以，一个比较明智的做法是：我改变不了你们，我可以利用你们。

（二）人与人之间是对等的

人与人有着相同或相反的性格与性情，这在日常的闲聊中会很快地显现，快到让人惊诧。在闲聊中，虽然是场面上该聊的事情，但如果话不投机，则会令双方都不愉快，甚至闹出乱子来，这是我们不愿见到的；如果是志趣相投的两人，则惺惺相惜，组成结构一致的完美整体。

这就是为什么普通大众喜欢交际，并且能够很容易找到同路人；而那些非凡卓绝之人却正相反，越卓绝的人越难找到同路人。当他们在孤独中偶然发现一个能与自己的心灵产生共鸣的人，并且这种共鸣长久地持续，他们会高兴不已。你对于别人，别人之于你是对等的。真正的卓绝之人，会像雄鹰一样，在孤独的峭壁之上营巢。我们在此也就明白了，投缘之人为何一拍即合。一般人由于经验与见识的缺乏，更容易找到同类，而生活富裕的人却由于难寻同类，而被贴上怪异的标签。

我们也可以设想，在一个精英团体中混入了两个恶棍或两个呆瓜。他们因为脾气相投很快称兄道弟，前者会在一起密谋不轨之事，而后者会将彼此视为知音。他们表现得像是多年未见的老友，欢呼雀跃。这真是令人惊讶。

由于心境不同，即使是相互间协调一致的人，也会保持距离，也会产生偶然的冲突。自身状况与生活条件的差异使得人与人之间很难实现精神上的完全一致，同时也令最协调一致的两个人之间产生冲突。平复某种内在的不协调或冲突要求高层次的文明。友谊所能达到的稳固程度，即是双方情绪均衡的程度，这种程度由受共同情绪影响的伙伴调节。某个事物——生活中的某种瞬息出现的东西，或者景观，或者某场音乐会——同时影响一群人，人们在相同事物的引诱之下产生了愉快的思想共鸣。因为此类事物抑制了个人的情趣，营造出同样的趣向，从而令人群的情绪协调一致。如若此类事物缺失，那么人们只好利用某些主观事物，例如葡萄酒、茶或咖啡。

因为个人瞬息的异样的情绪会令整个集体产生不和谐，所以，我们总是让记忆变得理想，有时甚至变得神圣。我们曾经在一些偶然的场合或时间中被一些转瞬即逝的印象所扰，因此我们过去的情绪就会发生变化，这样的效果就如镜头模糊的照相机把现实的景物变得美丽一样。若想让自己在他人心中的形象变得理想，就不要太频繁地与此人见面。虽然记忆的理想化需要很长时间，但美化的工作即刻开始。明智的做法就是隔一段时间再与你的亲朋好友见面，等到再相见时，人们的记忆已经开始发挥作用。

（三）我们凭自身的理解力去理解别人

人们都看不到自身之外的东西——人们在他人身上发现的东西与人们自身等同，每个人凭自身的理解力去理解别人。假如一个人的智力低劣,别人的思想不管多么伟大,对他而言都如对牛弹琴,同时他对别人的思想也处于无知的状态;在别人那里,他只看到缺点与不足;他自身就是一个零碎的集合体,卓越的精神于他而言只是虚影。一个无知的人无法领悟卓越的精神,他对事物价值评估时,只能将事物本身的价值与他本人的认知进行融合。

我们在跟别人说话时,会有意降低自己的水平,抹去自身优势,这些迁就只有自己知道。如果在你的生活中,大多数人的水平不高,甚至肤浅,那你必然会不自觉地变得低俗,于是你便不乐意跟这些人交往。与他们交往之所以成为可能,恰恰是因为你的本性中最让你觉得羞愧的部分。因此,你将会明白,除非不与这些肤浅之徒交往,否则你的智慧将会受损。然而这样做的后果是,你会觉得自己像在参加一场舞会,你的舞技出色,可是周围的人全是跛子,所以你不知道该与谁共舞。不过,我们的安宁如果不受忧虑惊扰,那么就会受到欲望更强烈的刺激。

爱与生的苦恼

性欲——生存意志的核心

性欲及其有关的行为在人类的生活中充当着重要的角色。它戴着不确定的面具，在人类的各种行为中，显露出自己的本色。爱情这个人类最纯洁的事件，却被裹挟着肮脏的交易：它是战争的起因、和平的永恒目的；它还是人们行正事的基点、插科打诨的元素；它也是智慧的根源，是解答疑惑的关键——男女之间的那些事情，归根结底，就是源自爱情。这在人的各年龄段都可能发生，老年人也无法逃脱它布下的罗网。处于纯真年代的人群，会很容易耽于对爱情的憧憬之中，但在性欲满足之后，便会带来苦恼。

恋爱能够成为人们茶余饭后的谈资，在于它本身就是一件正经的事情，但为什么人人重视的事情，却要避开周围人的目光，不能明目张胆地进行？一些保守的人更是装作不把它放在心上。这也只能说明世界被一种冷幽默所覆盖。其实，性爱才是统治世间的帝王，它很明智地意识到它在世间拥有的权力，并且骄傲地坐在属于它的永恒的宝座之上，以冷嘲的方式俯瞰着这世间令它不屑的一切，特别是当人们想尽各种办法来把这个家伙框起来、冷冻住，并且视其为人生小插曲时，这个帝王就更会嘲笑世人。因为性欲是人生存的核心，是一切欲望的核心。我称生殖器官为"意志的焦点"，甚至人类也是性欲的变身。人类的起源就是交媾，所以两性的结合就是人类欲望的核心。通过它与其他事物的结合，人类得以长久地生存于世。求生意志虽是为个体的生存而付出的代价，但从长远来看，或者在潜意识里，它是为了延续种族。它所反映出的个人思考的严谨性与持续性，都超过个体本身的奋斗。可以说，求生意志最完美的表现和最明确的形态就是性欲。

为保证我的理论更具明晰性，我用生物学知识加以佐证。性欲就是一种强烈的情欲、是欲望的终极形式、是一切欲望的集合。个人性欲的满足，是世间最大的满足，会让人感到自己达到了幸福的最高点或者戴上了幸福王冠，否则，他会觉得一切都失败了。这些可以用生理学作为比照：人体组织作为客体化的意志，其中以精液作为一切液体的精髓。精液是分泌物的终极物质，是有机物质的最终结果。我们可以由此再次得到这样的结论：肉体就是意志的客观化表现形式，也就是表象形式的意志。

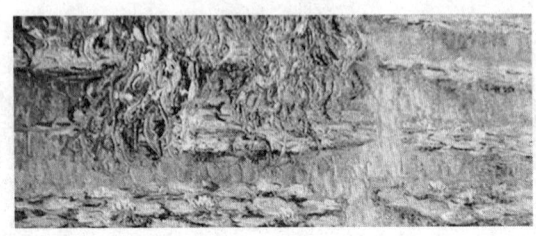

恋爱与结婚

恋爱的激情

爱情的进步,无非是想孕育新生命的求生意志。恋人间温情眼神相触的瞬间,也就是新生命产生的开始,同时宣告"这个新生命是和谐的个体",于是他们产生了进一步融为一体的渴望,并在新生命中得到实现。他们的个性特征合二为一,在新的生命中继续长存。反之,如果双方的感情不融洽,那么他们后代的内在体质必定不和谐。

亲密无间的两性关系主要是各种生物潜在求生意志的表现,这样的意志已经预见到新生命对求生意志的目的于客观化而言十分合适。新生命的意志来自父亲,智慧来自母亲，体质是两者的结合。一般说来，相貌酷似父亲，身高更像母亲——这根据的是动物遗传变异法则，这一法则的立论基础是：子宫的大小就是婴儿的大小。我们还不清楚个人性格的形成机制，就好像我们无法解释恋爱激情一样。我想这两者的本质基本相同，只是前者内敛，后者较外向而已，至于个体如何、以后会有怎样的发展，则取决于父母的热恋情况。世人常说，两人柔情目光交会的瞬间，便是新生命的开始。当然，这时新生命的雏形就如自然之芽脆弱易损。新个体即是新理念的诞生，一切理念都会强烈争取自己的材料，以便成形。与此相似，人类的个性理念，也是用自己的最大激情和贪欲来使自己在实相界立足。贪欲的强弱由恋人的热情所决定。这热情可存在许多等级，"平凡的爱情"和"天堂似的爱情"是它的两个极端。两者本质上并无不同，不存在等级差别，只是激情具有个人化特征——双方和谐一致，则激情就会更加强烈。那什么才是问题的关键？我们继续探究。恋爱的成本是青春，即健康、力和美可以吸引异性，这是因为意志总是努力地想让个性基底中的人类特质得到表现。恋爱三昧也就是指此。另外，当恋情达到一定阶段后，需求就会自然产生，此时双方若能对彼此的需要进行评估，那么他们之间就会产生巨大的激情。到时，父亲的个性和母亲的智慧才能融为一体。新生命的诞生，是全种族的生存意志的表现。他能够与意志的强大力量相呼应，因此意志有了新的憧憬，其动机超越了个人智慧——这才是真正的激情之魂。

结婚

结婚不是为个人，而是为了种族。相爱双方还以为这是为自己的幸福，其实不然。既然结婚真正的目的在于生育，那么就算当事人对此情形无知也无甚要紧。双方在生育的目的下结合，在日后尽量取得和谐。但迷妄是激情的本质，当迷妄消失，夫妻间本就存在的相异本质便清晰可见。所以，通过恋爱结婚者结局不幸，正如西班牙谚语所说："恋爱结婚，生活必是悲哀的。"因为婚姻原本就是为了种族的延续，一旦目的达到，那么世界也就不再念及双方的今后如何了。有双方的家长约定的婚姻也许更加幸福，因为这种婚姻在各方面都考虑得更周详些，这些都是与生活有关的具体而实际的条件，不会轻易消失，而且这种婚姻着眼的是双方的幸福。不过，这对后代不利。但是，如果男人的选择标准只是金钱而非自己的激情，不是为新个体，而只是为意志生存，则有悖于自然规律，他会受到社会的蔑视。相反，在某种意义上我们应赞颂那些为爱情不顾父母反对而结婚的女士。因为她在父母的自私忠告与造化精神中,选择了后者。由此看来,结婚很难兼顾爱情与现实生存;同时,大多数人的感情和肉体都不完美,结婚本就不容易以爱情或纯粹选择为基础——要么顾虑生活的外在,要么是偶然的结合,不过父母包办的婚姻在一定程度上可以做到实利与爱情兼顾,即所谓的与种族守护神相妥协。

因为结婚为的是将来的新个体,而非恋爱的双方,所以幸福的婚姻不多。但如果在性爱上加上"爱情的一致",也许可以造就一段美好的婚姻。它以世界上最温和的感情为基础,互相劝慰也是必然的。然而,这样的结合是在性欲得到满足以后才出现。性爱总是以新个体为着眼点,以肉体、道德、智慧互为补充,若要获得幸福婚姻,则还需要双方的精神特性相协调。

关于禁欲

禁欲的礼赞

当一个人被个体化原理的玛雅（迷妄。《奥义书》曰："现世界非真我、非事物之本性，现世界完全是迷妄之幻梦。"）面纱遮挡时，便分不清自我与他人。他关心别人就像关心自己一样，尽全力去帮助别人，可以为了营救别人的生命而放弃自己的生命。他对一切灾难都不会冷眼旁观，哪怕他只是觉得他人有难，也会像自身遭受痛苦一样无比悲痛。因为他看透了个体化原理，于是一切的存在都与他休戚相关。他不像那些利己主义者，只能看见自己的悲欢；他能从全体认知并看透本质，更懂得人生不是一个循环，它被持续的痛苦和混乱所包围，人类的努力皆是徒劳。他能看到疲惫的人群、衰弱的动物和世界末日——这一切就在眼前，因此他不会被由意志所控制的生存所操控，受它羁绊。

利己主义者，只试着去了解与自己相关的事物，而且总是对同一事物的不同花样产生欲望，并以此作为行为的动机；而那些认识其本质的人，可以通过新的途径以摆脱欲望，避开意志进而最终达到无意志境界。当然，受个体化原理影响的人，在亲身体验到世间的苦难，或者了解别人的苦难后，能认识到生存的荒诞和努力的徒劳。他想彻底断绝欲望的根源，堵塞住痛苦流经的隘口，使自己处于澄明的境界。只是无论做何努力，他都不能逃脱玛雅面纱的魅惑，因为他的意志可以随时被各种动机燃起。他们无法解脱，就算他们活于痛苦中，也会因偶然和迷惘而对幸福产生虚妄的期待，并因此重新带上新的枷锁。因此，耶稣说："富人进天堂比锚索穿过针眼还要困难。"

我们周围处处都是凉爽之地，而我们却必须在灼热煤炭围成的圆圈线上不停行走。心智被魅惑的人，轻易满足于眼前或立足之处的一点点凉爽之地，接着便停止走下去。了解个体化原理的人，并不停留于这一点，而是离开此地，避开意志，否定自己的存在，从修德转至禁欲，不满足于"爱人如己"的仁心，并对现存的求生意志的现实与痛苦的现世产生厌恶——他们停止自己的欲望，对任何事物都持漠视的态度。例如，一个人的性欲必须通过生殖器官表现，但其却能否定意志、控制肉体、看穿全局，无论如何不去追求性欲的满足。这是禁欲的第一步。通过这样，他们否定意志，越过生存的境况，连先天的动物性也不复存在，就如黑暗中没有光明之分，随着认识的深入，他们的世界也跟着消失，无主观，无客观。

《吠陀经》中有一节说："这犹如饥饿的孩子跑向母亲，世上的一切都为圣者的降临做出牺牲。"牺牲说的就是断念。安格勒·西雷修斯的一首"把一切献给神"的小诗，也是此思想的例证，诗云：

人啊！世上的一切都爱着你。
你的周围人山人海。
一切奔向你，便能接近神。

善良的人在神面前展现了一切事物的本相。一种物质对于另一种自有用处，例如，草之于牛、水之于鱼、天空之于鸟、森林之于动物，皆各有用。我们也可以这样说，世间万物都是为人类而生，特别是为善良的人而生，他会来到神的面前。叶克哈特也许是在说，动物也可得救。

叔本华：活出人生的意义
shu ben hua
huo chu ren sheng de yi yi

因为被造物亦希望从破灭的束缚中解放，享受神的子民的自由荣耀。我们知道被造物一直以来辛劳痛苦，但我们怀着圣灵最初之果实，心灵在呻吟之余，仍盼望授予子民的身份，让身体得赎。我们因这个希望而得救。但那不是肉眼可见的盼望，眼睛所能见，何必再盼望呢！

佛教也是这样。例如，佛祖得道前，在离开宫殿时对着胯下的马说："这里，是你出生长大的地方，也可能会是你死后的归宿。我现在必须打断你的工作，请带我离开这个地方。当我修成正果，绝不会忘记你。"

一个人虽然可以禁欲，但由于他拥有具体的意志现象，他可以随时被某种欲望所魅惑。为了禁欲或者避免生存的欢悦激活意志使自己更加厌烦，他便不断禁锢自己的意志，为了禁欲而禁欲，让禁欲成为一种必然。即使是自己愿意做的事情，他也不去沾染；对非自己所愿之事，他却耐心去做。他不仅禁锢意志，即使是别人要求的不合理的压抑意志的事情，不管出于什么目的，他也都全盘接受；只要是外界加注在他身上的苦难，不管它们是不是某种蓄意的图谋，他都把它们放在肯定意志的敌对阵营里加以抵抗，并认为这是一种砥砺品格的绝佳机会。通过这些不必要的痛苦，他做到了忍人所不能忍，练就了温和的态度。由此，情欲与怒气之火熄灭。他用内在的、全然无饰的善来抵抗恶，他以同样的方法对自己的肉体施虐。肉体是意志的客观化，身体健壮就会唤醒意志，各种欲望便随之而起，所以他就用虐待肉体的方式让身体变得虚弱，以打压意志的威风，用绝食和苦行的方法来使其绝灭。他明白意志就是自己和世界困苦的源泉，因此对它恨之入骨，最后消除意志的痕迹，不久死亡也会随之而来，因为他否定了自身。与平常人不同，他的自身和本质会随着死亡一同消失。本质是通过现象才得以保存的虚幻存在，最终它摆脱了脆弱的联系，与死者的肉体一起消失。

圣人们

现存的世界史对否定意志的代表人物的生涯，尤其那些能够清晰地诠释我的观点的人物讳莫如深。世界史的题材与这类事物的性质正好相反，它无非是肯定了多数人的求生意志。不管他们是用权术取得地位，还是诱骗群众使用暴力，抑或命运的偶然所致，在我们的眼中都只是枉然，没有结果。所以，一个哲学家不应该去探究时间线上的事物所呈现的现象，而要追逐现象背后的道德意义，那才是权衡事物的尺度。我们应该撇开世人，勇敢说出自己的想法。世人最有价值的现象就是做个世界的"克服者",而非"征服者"。唯有这类人,才能对引起短暂快感的求生意志加以否定,求得自身的安宁;唯有他们才能展现意志的自由,并因此显得与世俗的一切不太和谐。因此,那些圣者的生活记录,虽笔法拙劣,而且充斥着迷信或荒诞的故事,但对哲学家来说,却有着深刻的滋味。它比起普鲁塔克、里维斯等史学家来,能告诉我们更多有价值的东西。

印度人道德观

尽管我们阅读的印度文献有限,不过在这些有限的资料中可以窥见印度人的道德观。它在《吠陀经》、圣诗、神话、格言、生活规范以及诗人的作品和圣者传记中,都有明显表现,并且极其多样。印度人的信条就是:去爱邻人而不爱自己,而且去爱世间万物;要尽自己所有去帮助别人,以忍耐之心对待待你为恶的人;不论处在什么境况下,都要以德报恶;要以自由意志为基础,忍受一切到来的侮辱,以及禁杀生、戒杀生等。你若想走进圣者的殿堂,必须保持童贞,谢绝肉欲;与神灵更加接近,你就必须远走他乡与世隔绝,利用自由的意志,赋予自己更多的痛苦,对意志进行施虐,最后还有绝食、自残、自杀等基于自由意志的死亡。此种宗教习俗源于四千多年前。今天，虽然他们已经产生了很大变化，但在实施此类极端形式时，仍然与前人无差。

虽然这种风俗要求残酷的牺牲，但它却在民间流传上千年，可见它有一定的存在理由，其根源必是人类的本性。总而言之，尽管时代、民族、社会环境不同，但又存在许多共同点。这并不是乐观主义者所说的是某种思想的曲解所致，而是人类某些优异的特性的表现。

心灵的境界

人的欲望越强烈、越是贪求自我欲望的实现，其所遭受的苦恼和焦虑就越多。因为欲望在他们身上四处泛滥，令他们的心灵时刻充满困苦和焦虑，久而久之，一旦思虑的对象消失，他们最大的兴趣便是看别人遭受苦难；另一方面，一个彻底自我否定的人，从外表看一贫如洗、毫无生气、没有多余的东西，但其内心却无比宁静和欢悦。他们不会对强烈的生存欲望和巨大的喜事感兴趣，这些都是强烈痛苦的前奏；他们也不会贪图暂时的快活，快活过后就是无尽的苦恼。他们所修成的这种清风朗月的平静，不会被任何人惊扰。我们内在的善良精神将会立刻发现，这境界任何东西都无法比拟。它会坚毅地喊出:"勇敢地向贤者迈进吧!"当我们见到或者想到这种情景时,我们就会对此无比向往,而且会更加感觉到世间欲望的满足,就如乞丐所得之物,维持了今天的同时也将苦难延长至明天。禁欲是世袭者的统治区域,世袭者永远不会为眼前的事情所思虑。

肉体即是意志化的客观表象,肉体存在也就是求生意志存在,它就会时刻唤醒自己,在现实中展露它的一切形体。圣者们的安静生活是禁欲的成果。因此我们不难想象,为获得这种安宁、愉悦的生活需要何种努力,需要如何不断地与求生意志做斗争才可达成,因为世上不存在永恒的平静。所以说,一本圣徒传记,实际上记录了求生意志争斗和获得恩宠的过程。恩宠是指禁锢冲动,以获得深刻安宁与通向自由之门的方法。如若一个人修成正果,就必须捍卫这一成果,用各种方法禁锢住自己的冲动,例如禁欲或者过一种严苛的生活,甚至刻意追求痛苦。他们已经体会到这份成果的价值,所以时时警惕着维护这份通过艰难努力获取的宁静。就算是意志的稍微萌动或虚荣心作怪,他们亦会受到良心的谴责。最后,这个人类欲望中的极品——虚荣心,也会彻底退出个人的历史舞台。可以说,狭义的禁欲,就是为禁锢意志而不断地追求痛苦、放弃愉快,心甘情愿赎罪,即故意破坏意志。

痛苦的解脱

除了禁欲能够保持意志的否定成果，还有一种方式能够达到同样的效果，那就是对命运带来的痛苦的肯定。这里说的并不是前者认识的痛苦，而是自己对痛苦的切身体验，有时是人们因死亡逼近，而断了欲念。

大多数人利用此种方式达到了否定意志的目的，毕竟洞彻个体化原理的人并不多。这些人就是通过认识，才明白了生活中的善，从而怀着爱心，把世界的痛苦揽入怀中，借此达到意志的否定。这些人虽接近上述的境界，却基本上都生活舒适，这个时候他们一旦受到虚荣心的刺激，意志的冲动就会被唤起。总之，快乐是意志否定的障碍，使人在意志的否定与肯定间摇摆。

因此，一切诱惑都是恶魔。平常人在没有经历痛苦之前，在意志的冲动没有展开之前，必须先灭绝意志，渐进式地通过痛苦的各个阶段。他们在与意志进行了一番抗争之后、在生死存亡之际，反省自身，明白了自己在世界上的地位，改变自己的本质、超越一切，进入无比宁静和安详的境域。他们可以毅然决然地抛弃以前追逐的一切，或者坦然接受死亡。这种境界，是经历过痛苦以后出现的否定意志的意念，这就是解脱。

即使是品质恶劣之人，在得到残酷教训后亦可进入这种境界。他们就像是浪子回头一般，突然之间变成与原来的自己完全不同的人，因而对以前的种种罪行，他们不会感到良心不安，却坦然地愿以死谢罪。因此，他们对意志所表现出来的东西极其厌烦，而用欣然的目光看待这个世界和自身的兴衰。诗歌也描述了因面临巨大的灾难或者濒临绝望，而去寻求意志的否定的人，尤以歌德的心血之作《浮士德》所描述的格列特汗的遭遇最为突出。这个故事再次说明，人不仅可以通过对自由意志的探索而认识世界的痛苦，也可以用自己的亲身体验来认识痛苦，从而获取解脱。的确，这位被个人欲望所累的主角，最后看破了红尘。

死亡

苏格拉底将哲学视为对死亡的准备。的确,正是因为有死亡问题,哲学才成为哲学。

对世人而言,生命中并不存在任何可值得珍惜的事物。我们并不是因为生命结束而恐惧死亡,而是因为有机体破灭。因为有机体通过身体来表达意志,只有当有机体在病痛和躯体退化时,才会感觉到破灭的降临;相反,对主观而言,死亡就是构成有机体的各个部分死亡和意识的停止活动,这些不过是死亡的附属物。因此,死亡对主观而言,仅与意识有关。

关于意识消失问题,我们可以借沉睡现象判断一二,而晕倒过的人对此则有更深刻的理解。晕倒不是渐进式,也不是托梦而来。晕倒时，意识还处于清醒的状态，视力首先消失，接着人就处于无意识的境地进入昏厥，这一过程没有任何痛苦。若把睡眠比作死亡的兄弟，那么昏厥就是其孪生兄弟。死于非命者不会经历痛苦，因为严重的伤痛在最初并不会给人带来痛感，因此人就算受了可以让他当场毙命的重伤，也会在意识发现痛感之前死去。而那种受伤痛折磨而缓慢死去的人，其感觉则与得重病离世一样。其他任何足以让意识立刻消失的死亡，都不会给人带来痛苦；而像老人寿命终结的那种自然死亡，通常是一种没有感觉的生命消失。人到老年，对任何事物的感觉都会降低，直至消失，没有任何事物能够刺激它，比如渴望。老人的想象力衰竭，心内的幻想模糊不清，所有印象消失殆尽，万物变得没有任何意义，如是，某天，长睡不醒，就像陷入了哈姆雷特在独白中所追寻的那种梦境中。我们也正在做着这样的梦！

有一点必须补充，虽然生物有机体的维持具有某种形而上的根据，但仍需要自己奋斗。有机体每晚皆会臣服于它，脑髓为之停顿，各种分泌、呼吸、脉搏等有机体的活动也会降低。由此可知，若有机体停止活动，其后的那股推动力也就会安心停止工作。这也可以解释，自然死亡的面部表情为何安详平静。总之，临死的瞬间和噩梦觉醒时的瞬间类似。

由上述得知，不管你对死亡如何恐惧，对你来说它都不是灾祸，而且你还可以在死亡处寻得慰藉。当你的人生遭遇极大阻碍，或病入膏肓，或怀有难以排解的忧愁，自然就是你庇荫的好去处。它早已敞开自己的门户，用它宽阔的胸怀接纳你。生存就是自然赋予我们的财产权，造化不失时机地诱导我们从自然状态走向生存状态，但自然随时欢迎我们回家。当然，这是肉体与意志的较量之后得到的结果。每个人乐滋滋地来到这个忧多乐少的世界，然后又拼命奔回原来的住所，也许这可以在某种程度上解释，为什么印度人的死神有两个面孔——一个恐怖扭曲，一个神色愉快。

我们仍以经验为立足点，以尸体为例说明。尸体不具任何生命体征。虽然我无法得知生命体征停止的机制与原因，不过我可以推断，人死后，推动有机体活动的动力已经停止。我想这动力不是所谓的灵魂或意志。因为我素来以为，意志不是有机体的生命源泉，而是它的产物，是生命结果的表现。总之，意识会在人的不同年龄阶段有所区别；会因健康、睡眠、觉醒等表现出不同程度的强弱。所以说，它不是有机体生命的动力，而是结果的表象，伴随着有机体的存在而存在。

我也发现，虽然意识完全混乱——即所谓的疯狂——会由于各种活动力减弱而使生命进入危险的境遇，但其感觉力和肌肉力量却得到增强；如果他不受其他因素影响，那么他的生命周期就会延长而不会缩短。我还发现，个体性是一切生命体和意识的特性，虽然我对它并不了解，但自然中的个别化现象是由普遍性力量推动的。再者，生命停止并不代表推动生命的力量消失。尽管现在没有人能拉动三千年前奥德赛的那张弓，但只要一个人拥有正确的理解力，那他肯定不会认为这意味着张弓的强劲动力也消失了。由此可知，推动那些如今已经停止的生命产生活动的力量，与现今仍然焕发生机的生命推动力相同，这是真理的表征。不错，我们已经明白，事物间的因果联系只是形式与状态，所以它总有断裂的一天。但有两种东西与因果无关，那就是物质和自然力，它们是一切变化的前提。如果我们要做进一步的探究——认识生命的原动力——就必须在最初把它假定为自然力，同时假定它与状态和形式无关。这些形式或状态，由于受到因果的束缚而会有所改变，所以，支配存在生灭的因素同时也能支配它们。这亦可证明，生命的真正本质不变。仅凭这些，我们并不能确定生命的续期何如，也不能期待从中得到什么精神补偿。这点很重要，即便是那些认为死亡是绝对毁灭,并由此产生恐惧的人也无法轻视它,死亡无法约束生命的最深奥本质。

物质与自然力相同,并未参与同因果联系所主导的变化。它以自己的坚守来保证人类的永恒,连无知的夫妇也会心存自身不灭的概念。或许有人会对物质不灭质疑,但在质疑前请先对这些东西进行了解。物质会自动变成动物或者植物,在自然的怀抱里开始拥有生命。人类肤浅,因此时时刻刻担心这种生命会消失。但把这看作永恒,会不会太牵强?我敢断言,物质的这种顽固性,正是人类本质永恒性的证明。也只有这些人类不能感觉到的物质才可以作为人类思考物质的永恒的经验基础。这些物质直接反映了意志,同时,它们以永恒的姿态再现意志的真正永恒性。

自然之声纯然无饰,但不能把这一观点与物质不灭等同。从逻辑出发得来的理论虽不会出现大错误,但其本身却具有片面性。例如,伊壁鸠鲁的彻底唯物论和柏格莱的绝对观念论,都极端片面。这些理论必须在某种条件下,才能体现其合理性。若以更高的要求去观察,它仅是相对的真理,甚至错误百出。所以,绝对的真理只有站在最高立场上才可获得。我的见解并不成熟,但朴素唯物论的物质不灭观点,已经体现了人类本质的永恒性；站在更高层次，即从绝对物理学立场来看，我们可以发现自然力的永恒性和普遍性——生命力也是自然力。因此，上述不成熟的观点中，也主张死并非绝对毁灭，而是生物与自然同在或在自然里成长。

我们且换个视角来寻求死亡与自然的关系，这同样采用经验主义的论证方式。

生死抉择无疑是一场惊心动魄的豪赌，因为它在我们眼中是一切的关键。不过，坦荡、朴素、纯真的自然和"圣婆伽梵歌"中的毗瑟孥却告诉我们：世间万物都无意介入生命，个体生命无足重轻。自然把这些构建得无与伦比的万物，托付于强烈的贪欲，冷酷地献于偶然、愚者的犹豫、孩子的玩笑。自然用神谕似的简洁语气宣布，存在的毁灭与它无关，存在无价值，也不值得同情。在此，因果并无意义。自然的母亲任凭万物处于毁灭之境，亦不予干涉，因它自知万物毁灭之后自会被重新接纳而去，个体的死亡只是游戏罢了。自然把人类和动物同等对待，个体生灭于自然而言不是问题，因为我们等于自然。细想一下，我们应该认同自然，把生死置之度外。在此重申一点，自然漠视人类的生死，是因为生死不会改变自然的真正本质。

更进一步说，生死被偶然所主宰，并且有机体的存在也无法判定。不论动物或人类、今天和明日，生死循环交替。不过，较原始的无机物却有长久的生命。造化何以如此？我认为是这样：生死是表象，不断交替并不能改变事物的本质；另外，无法为我们的肉眼所见的万物的本质不受生死影响。至于这个过程，我们因看不到，也就无从了解，只能将其视作一种戏法。因为最原始的无机物不因世事变迁而消亡，但构造极其精致的生物却新旧更迭频繁，把自己的空间让给新的生命有机体。这显然不合理，也不是真实秩序，其中隐秘的东西还很多，实际上，这由我们自身的智慧无法触及所致。

我们应该明白生死、存在与非存在，虽然对立，但并非绝对，更非自然之音。它让我们产生错觉，是因自然没有力量展现事物的本质和真正秩序。说了太多，你心中一定已经树立了我所提到的信念。当然，如若谁无知之极，宛如动物般仅能认识个体，那是例外；反之，只要有些能力的人，就会看出事物的普遍性，及其背后的理念——那种强烈的信念，是直接而正确的。只有那些思想狭隘的人才会以为，死亡是自身的破灭并因此产生畏惧；卓越的人则不会有所恐惧。柏拉图很明智地将观念论作为其哲学的基础。然而，上面所说的从自然所得的直观信念，在《吠陀经》中《奥义书》的思想里扎根之牢固，令人难以相信。他们用无数的言辞把这种见解灌输到我们的心中，使我们不得不想到他们的精神是直接受到某种启发而得到的，可能这些圣者比我们更接近人类的起源，也就更能了解事物的本质。印度那种神秘的自然背景，对于他们的精神启示有益，这与从康德精神的彻底反省中获得启示，异曲同工。反省告诉我们，我们的智力所触及的现象仅是现象，而非事物的本质。更进一步说，这是因为智慧由意志赋予，当意志追寻自己的目标时，必须依靠智慧。

……

普通人根据自己的成见否认本质永恒，而非依据经验，这是认识人类本质永恒的最大阻碍。我们应该果断抛弃自己的偏见，依循自然的诱导，探求真理。首先，我们应去探访微小生物，认识种族的永恒青春。不论个体生命如何短暂，种族却永葆活力，这让世界看起来似乎是刚刚生成的。试想，今春的蓓蕾与万物初创时的春天蓓蕾其实并无不同。你真能相信，世间百万生命从无诞生再到死亡，是由同一种力量引导的吗？如果我说"庭院里的猫和三百年前游戏的猫是相同的一只"，你一定会认为我是个疯子，但若我宣布它们在根本上完全不同，那我就更像个疯子。你如果去研究一种脊椎动物，就会发现动物种族，或说理念的永恒性是通过个体的有限性展现，即个体是种族存在的基础。某种角度来说，个体存在是真实的，不过只有理念——事物永恒的形式才拥有"实质性"。所以说，个别仅是全体"实质性"的表现。柏拉图洞彻此理，因为他把理念作为其哲学思想的本质与核心。你若理解了这一点，就具备了深入研究哲学的能力。

瀑布迸溅横飞，而横于瀑上的彩虹却屹立不动。世间的理念，即动物的种族皆同此理——它对个体存在的更迭熟视无睹。求生意志原本由此产生，在此表现，因此，理念（种族）的延续是意志存在的关键。个体是飞溅流逝之水、理念是虹，柏拉图就此发现，真正存在的是理念，个体只是生死交替。只有对此有深刻的领悟，世间万物才会安静而舒适地直面未来不确定的死亡，万物眼神中才会有看淡生死与种族安危的安详。这种安详是不是由模糊而易变的教条产生？不管观察何种动物，我们都会发现，作为生命核心的意志的发现，不会因死亡而受阻。我们怎能相信，充斥在时间线上的万物会毁灭？当然，经验依据亦可证明这些现象，若死亡是个体毁灭，那就会有新生命体诞生将其代替。

康德主观地认为，时间先于认识发生，因此它不属于物自体。这虽带有消极倾向，但也不可谓不是真理。现在，我从客观角度探求，以彰显它的积极性。物自体只有与时间结合，才能证明它与生死无关；时间的意志客观化体现，如若没有永恒不变的实质，生死交替的循环也就不存在了。永恒是独立的，不因主观和时间而存在。普罗提诺斯也说："时间是永恒的复制品，时间是亘古不变的影像。"同样，我们个体生命的存在也是本质的影像。因为时间只是一种认识形式，其本质肯定蕴含在永恒之中。不过，因它的存在，我们才认为万物的本质是不确定的、有限的、会毁灭的。

意志作为物自体，阶段性的（柏拉图式）理念是其客观化的终极表现。不过，本质的理念只有在至高智慧的观照中才会偶尔闪现。从个体的认知来说，理念在时间线上采用种族形式呈现，它在时间线上成了对种族的统照。因此，种族是求生意志最直接的客观化展现，万物的本质都在其中，求生意志的本源亦是。但直接意志却在于个体中，这就是为什么个体总是以为自己与种族不同，并因此对死亡有所疑惧。个体上所表现的求生意志是：对饥饿和死亡的忧虑；性欲与对后代的爱护之情。造化不像个体那样有妄想，它所关注的是种族的延续，漠视个体的生死，因为个体仅是造化的手段，而种族才是它的目的。所以，造化对个体谨慎、吝啬，对种族却可谓奢侈，其间的差距自不必说。我们说"自然从不生产多余或无用的东西"，也可以再加一句"自然从不废弃任何东西"。同样的现象也表现在：个体的生殖力越强，其自我愈合力也越强，伤口和病患会很快恢复；生殖力消失，身体及其他能力也会变得虚弱不堪。因此，此时的个体在自然眼中不再有用。

……

一切客观外在的物质从根本而言都是主观内在的永恒表现，不过，后者是前者存在的基础。道理很简单，因为客观必须靠主观来展现才存在于世；主观是本质，客观是表现。这种秩序不能倒置，因为万物根源皆是为其自身，且必定只存主观中。因此，哲学的基点就是本质性、必然性、主观性，即观念性事物。若从客观的视角来看，则进入了唯物论的境地。

我们会时常觉得一切的本源在物质之内，即一般人都有"本质永恒"的意识，这是一种不因死亡而更改的信念——人在死前，良心难免会产生自责，这可为证明。任何人的心灵本质都拥有它，这信念以人类的本源性和永恒性为基础。所以，斯宾诺莎说："人类能感觉和体验到自身是永恒的。"简而言之，有理性的人只要不将自身当作起源，就会超越自身和时间，了解自身是永恒的。相反，认为自己从无走来的人，肯定也会以为自己将向无走去。

有句古老的格言也可证明生物永恒说："万物不是由无而生，也不会向无走去。"巴拉塞斯说过一句很恰当的话："人类的灵魂由物质而生，它不会走向无——只会走向物质。"他含蓄地道出了真实的依据。但那些认为人类诞生于"绝对"起点的人则不可避免地将死亡视作人类的绝对消失。实际上两者的本质相同，因此，只有认为人是非"出生"的，才会认为自己永恒存在。就其本质而言，出生实际上也包含着死亡，它们处于同一直线的两个不同方向上。如果前者是真实的"无"，后者就是真实的"死"。所以，永恒并不是指时间上的永续。如果假定人从无而生，那也只能假定人的死亡是绝对的终结。

那些把个体生命的存在看作偶然的人，会对死亡带来的生存消失而感到无比恐惧；但那些对世事洞察的人，就会认识到它的必然性，不相信个体的生存仅止于短暂。可以设想一下，我们生前有无限的时间和生命的更迭，我们死后又有无限时间，由此，我们可以说，万物生存于过去、现在、未来的所有时间中。若"时间"能把实存引致毁灭，我们则早已不存。我们可以说，"实存"是一种实在的本质，一经形成，就不会被毁灭。它宛如阳光，

叔本华：活出人生的意义
shu ben hua
　　huo chu ren sheng de yi yi

虽在黑暗之夜消失，有时受风、云雨的阻隔，但仍存在；黑夜收起、云开雨止、阳光依旧照耀大地，它具有永恒性，不会趋于无。因而，印度人相信世界由梵天的不断重复而产生，希腊哲学家有类似观点。这些都可以告诉我们存在和虚无之间有很大的秘密，即它在客观构筑不断延续的时间，主观成为一个"点"——不能切割、经常实存的现在。康德在物质不灭的理论中说，时间是主观的，物质的本身是客观存在的，有谁知道其中的真理呢？

　　如果我们不把"出生"作为生存的开始，那么我们就会产生这样的信念：定有什么是死亡无法破坏的。这说的并不是个体，个体只是种族的一个表情样本，只是父母性质的集合体，是有限的、短暂的，因此个体无法记忆生前，死后亦无法带走前世记忆，但个体的生命留在自己的意识之中。"自我"总是希望与个体结合，更希望自己能与生存永远结合，所以一旦个体消失，意气就感到低落。由于意志的这个特性，只有将生前的无限过去牺牲，才能实现死后的无限存续。一个人的生前记忆不复存在，他认识到的意识是与他的出生同步产生，所以他自然会认为意识本为无，他的生存源于出生，于是就只能用生前的无限换取死后的无限。所以，我们想要超越死亡，就必须将意识的生存另做一番看待。

人的本质由"认识"与"意欲"构成，所以"我"是个模糊的概念。有人认为，死亡是"我"的完全终止；有人认为，"我"是世界的一点，只是意志的一部分。个人所熟悉的也就是外在的个体，如若他认识到自己是什么，就会对自己的肉体不屑一顾，并试图抛弃自己的个体——他就会说："把它抛弃与我有关系吗？"我的本质里面有很多个个体性的我。

如果个体性无限生长，厌倦就会缠着人不放。为逃避，人反倒希望早日死去。因为人类只能在痛苦与无聊之间摇摆。因此，一个"更好的世界"无法让人彻底摆脱苦恼。如果在另一个世界中，个人的本质不变，效果仍是如此。

客观依傍主观，结果应该以此为基础。生命之梦以肉体为基础，用智慧编织下去，人的肉体消失，梦也就终止。现实的梦，醒来，人还是活着；恐惧死亡的人，就好像让一个没有梦的人做梦一样。

个体的意志随着死亡停止，那么是什么让人对永恒生命充满热爱呢？他在希求什么？通过观察人类可知：对世界的怜悯与对自我的执着让人对永恒生命充满热爱，他的目的不过是想让生命充实。所以，从古人的墓碑上可以看到"无愧此生"和"愉快安详"，其中有深刻意义。

暂且不谈对生命执着的人，那些对世界悲悯的人，把自己献给世界，也是为了自身在死后的世界得到上帝的恩赐。这种行为的本质自私，但人类的仁爱精神却因此永存。

其实，"开始""终止""永存"等词汇只是时间概念，在时间前提下，这些概念才能被使用。但时间只是我们认识一切事物的形式，不会带来生存，也无法实现存在。因此，这些词汇只适用于现象界，与事物本质无关。

经验让我们明白死亡是时间性生存的终止，但我们还应该知道，一切经验性认识的物质仅是现象。因此，我们可以这样回答死后能否存续的问题：生前不存在，则死后不存在；事物非"出生"而来，则死亡无法将其破坏。

斯宾诺莎说的对："我们能感觉到永恒。"任何人都有新鲜的记忆。在与我们的一切有关的事物中，必有某种永恒的东西，是时间无法改变的。这种东西不是意识也不是肉体——意识随肉体生灭，肉体仅是意识的影像，只是现象之一——这种东西应该是意志，它超越意识，是肉体与意识的共同基础。死亡来临则意识消失，但那些产生及维持意识的物质仍在；生命的逝去带不走那些表现于生命中的原理。人类一切永恒的东西都存在意志之中。

在现象界中，由于个体化原理的时空分隔，个体趋向毁灭。其实，个体总是新旧不断交替的，个体不灭的象征即是其种族的延续。因为从意志角度来看，个体与种族无异，是硬币的两面。

我要特别强调以下观点：现象和本质两者无法比较，换句话说，表象世界与意志之间不存在通用的法则，两者甚至相互对立。我们以生殖行为为例，意志的最直接、最大的满足即生殖行为，但它却是盲目冲动的纯粹肉欲。它以意志的自我意识为中介，轻易形成了有机体，而有机体本身是造化精雕细琢的结果。但是，造化不垂怜这些精妙的个体，任其自我毁灭。对比之下，我们可以发现意志和现象的区别，进而了解本质的永恒。

我们已经说过：人们之所以畏惧死亡，并非由于认识，而是由于盲目的求生意志，它与肉欲一样，都是基于幻想的冲动。意志害怕死亡，是因为意志在世间仅立于表象，视力所见，与镜中影像无异。所以，尽管哲学家们找到了许多认识论的适中理论，反复说明死亡的无害性，但毫无效果，因为它是盲目的意志。

我们的意志是永恒的，所有的宗教与哲学都将"永恒世界"作为善心的回报，而其他事物却得不到这样的待遇，如卓越的智慧；我们的意志纯洁，只有意欲而无认识。智慧才是认识的主体和意志的客观化表象，因为意志自知其无力与盲目，所以需要智慧来引导。在某种意义上，有机体是意志和智慧的结合。因为认识依附于肉体，而肉体又是有机体的基础。意志产生了智慧，但智慧却与意志对立，只对它冷眼旁观。但是，智慧所认识的只是经验的、不连续的，属于连续性刺激和行动中的意志而已。它认识的只是个体，不具超验性。畏惧死亡，也许是因为个体的意志不愿脱离智慧。

人们产生畏惧，是因为这样的错误幻觉：个体的生命消失，而世界依然如是。实际上，意志在这个世界上是永恒的、不会改变的，一切的物质存在都是它的表象。意志才是世界的真正主人，它产生了一切，并无所不在，可是现在，它却受到个体化原理的困扰，因而担心自己即将化为乌有。事实上，万物虽消灭，而自我的内在核心永存。

在没有实行意志否定的情况下，死后的个体会以另一种形式存在。此时，对意志来说，死亡的个体仅是"死亡的睡眠工"，由此，意志将会获得新的智慧和新的意识，于是新生命诞生。如果个体的智慧和意识长存，意志将会因长期受困于同样的行为中而感到愤懑。智慧因时间的限制并不了解这些，因此宗教称之为"轮回"，它与我的见解不谋而合——具有个体性的个体智慧在死亡后，借由母亲的生产获得新的智慧，脱离旧体，获得新生。因为智慧作为记忆能力的根源会消失，这个新的个体失去了前世的记忆，因此，与其说这是"轮回"，毋宁说这是"再生"。哈地的《佛教手印》和柯斌的《佛教纲要》等书证明了上述见解与佛教教义相同，但大多数佛教徒并不了解这一深奥概念，因此以较浅显的"轮回说"来代替。

　　再生亦可从经验的角度进行证明：新个体与死亡有密切关系。根据苏怒雷的《鼠疫史》记载，14世纪时无数人死于鼠疫，但此后却出现了异常的人口多产现象，尤其以双胞胎居多，并且这一时期降生的婴儿都无完整的齿列。这一现象十分神奇，而德国医学家卡斯佩在《关于人类寿命》一书中提出两点结论：一是出生率对寿命和死亡率有决定性影响；二是出生率和死亡率通常按相同比例增减。这有许多例证，所以其精确性应当可信。虽然死亡的个体与多产的夫妇不存在任何关系，但这证明，每一个个体的"不灭之芽"经过死亡而重新萌芽，于是有了新生命——这就是它的本质。如果生死之间能架起沟通的桥梁，则生死之谜可得解答。

……

也许我们可将死亡诠释为"求生意志的自私之心在自然中受到的惩罚"或"对人类生存的惩戒"。关于后者，也许是因为死神认为我们的生殖是不正当行为，所以用死亡来结束生命，让意志受挫，以彰神性；至于前者，则因为意志自私，想让一切实体仅限于自己，所以死亡只得破坏个体，让意志在失望中得到觉醒。个体的死亡只是表象，意志的本质是永恒的。所以，善良之人心中的我与非我差别极小，而恶人则将人与我做了绝对的区别。这种区别，也是死亡对人类破坏程度的衡量标准。

如若我们利用好的话，死亡将是一个关键点。人类的意志并不自由，个体的性格不会改变，而性格又是行为的基础，所以个人行为具有必然性。如果个人没有经过死亡，那只能不断地重复其行为，他的记忆将会积聚不满，因此，他必须丢掉现有的一切，从本质中产生新的东西。所以说，死亡是挣脱羁绊和重获自由的机遇。在死亡的瞬间，真正根源性的自由得以恢复原状，所以许多人带着祥和的神情离世。看破奥秘的人，可欣然面对死亡，否定求生意志。因为他们了解，人类的生存就是"空"。

生存空虚说

独立思考

学习时,如果不经过独立思考,不求甚解,只求广博,就跟没有学习一样,还不如专于一门,反复思考、学以致用。这个道理就跟图书馆之于我们一样。如果一个图书馆规模很大、藏书很多,但不加以整理分类,我们就很难从里面找到自己需要的图书,这样的图书馆有就跟没有一样,还不如那些井井有条的小图书馆对我们的帮助大。

为什么这样说呢?因为只有经过独立思考,理论联系实际,才能够把学到的知识转化为自己的知识,才能学以致用。当然,能够为我们思考提供素材的只是我们熟知的事情,范围很窄,这就需要我们持续学习。独立

叔本华：活出人生的意义
shu ben hua
　　huo chu ren sheng de yi yi

　　思考和阅读、学习不同，阅读和学习什么人都可以进行，想看什么书就看什么书，想学什么就学什么，而独立思考是需要条件的，就像火力需要风势相助一样，要想持之以恒地独立思考，就要对思考的对象产生兴趣。这种兴趣可分为两类：一类是客观性的，是对宇宙万物发生兴趣，纯属生理的自然现象。能够产生这种兴趣的人很少，即使算上一般的学者，也少得可怜。另一类是主观性的，只对与个人相关的知识产生兴趣。

　　人与人的头脑本来就存在着差异，这种差异使有些人喜欢读书，有些人更倾向于独立思考；加上独立思考所产生的效果与阅读不同，使得人与人之间的差异越来越大，这让人难以置信。读书时，人的精神活动受书本支配，读书者会随着书本的内容时而开心大笑，时而伤心落泪，这些情绪原本并不属于读书者本人所有，而是受书本的内容支配所致；独立思考正好相反，当一个人独立思考时，他的思想与外界是完全隔绝的，它不像读书那样，被别人某种单一的思想所操控，而是完全随着自己的思考而活动的，外界或者书本只是作为他思考的素材而已。

　　人的精神也是有弹力的，如果一个人总是沉浸在书中，他就会像被长期重压的弹簧一样，精神弹力必定会消失，所谓"书呆子"就是这样来的。英国诗人波普就曾经说过有这种人："只是想做个读者，不想当作者。"这些人只是死读书、不思考，虽然见多识广，但是没有过高的智慧；虽然著书立说，但没有一本书能惊动世人。

在我看来，那些所谓的"学者"只不过是在研究书本，而那些思想家、发明家、天才及对人类有巨大贡献的人读的则是世间万物。一个人的思想要成为真理或具有生命力，这些思想的本质必须是他本人的，因为我们能够真正完全理解的只有我们本人的思想。从书中研究别人的思想，只是拾人牙慧或者穿人旧衣而已，就像考古学者根据现有的化石推断古时的情景一样，仁者见仁，智者见智；而从自己头脑中萌生的思想，就像面对着春天里茂盛的植物来做研究一样，笃定而客观。

读书不能等同于独立思考，它只是对我们的思考起到一种引导的作用。因此，尽信书不如无书，如果迷信书本，很有可能会误入歧途。所以，这就需要我们在阅读时保持独立思考，让自己始终在正确的方向上前进。我们不能摒弃思考而手不释卷地阅尽万卷书，这是冒犯圣灵的罪过，这种行为就像那些为了观看美景的人跑去展览馆观看干枯的植物标本或者铜雕的风景画，而忽略身边大自然的美景一样。最有效用的阅读应该在自己的思想源泉枯竭时——任何人都会遇到这种情况，连才思敏捷的人也不例外——才去读书。

也许，你会不经意地在书本中看到自己辛辛苦苦研究、思考得到的某个结论，这也毋庸置疑独立思考的必要性。因为只有经过自己独立思考获得的知识才是真正属于你的知识，它才会长久地存在于你的脑海中，永不消逝，你也因此而成为该真理的生力军，其价值百倍于你在书本中找到的答案。

独立思考的人形成自己的看法之后，后人有可能把他的这些看法当作权威的例证。这种权威与思考者本人有着很强的关联，是活脱脱一个人呈现在你面前，与那些搜集整理归纳别人意见而形成的一般书籍的学者所据以为的"权威"情形不同。它是思考者的精神受精于宇宙世界，然后在自己体内孕育而生的一个孩子。而后者则像是一架无血无肉、僵死呆板的机器人。

单纯靠学习得来的真理，就像黏附在我们身上的义肢、义齿、人工鼻子等；而经过自己独立思考得出的真理则像是我们身上与生俱来的肢体一样，是真正属于我们自己的。这也是哲学家与一般学者的区别所在，因而他们的学术造诣之间是有着根本区别的。就拿一幅画来打比方，哲学家画出来的画色彩鲜明、明暗协调、浑然天成、栩栩如生；而一般学者画出来的画，虽然色彩斑斓，但让人觉得画面生硬，顶多是一副临摹得很好的工笔画。

单纯的读书其实是在读取别人的思考成果。自己独立思考出来的东西虽然不见得是一个完美的知识体系，但也是一个首尾一致的总体。如果没有自己的独立思考，总是单纯地从书本中吸取别人的思想，你就会变成一个支离破碎的人，没有主观，不能形成正确的判断力，甚至精神紊乱。因为书本中形形色色的思想来自不同的头脑，三教九流的思想杂陈，无论在知识上，还是信念上，它们都不能被称为一个智慧的整体。从很多学者身上我们都可以看到这种现象，他们在理智、处世、判断等方面都比不上许多未受过正规教育的人。别看这些人所学无几、胸无点墨，但他们靠着自己的经验、阅历和零碎的阅读，把所学的那点知识融入自己的思想中去，形成了自己的一套独立的是非观。

真正精通学理的哲学家也不外乎如此，只不过他们比那些未受过正规教育的人拥有更广的视野。虽然他们为了丰富自己的知识也博览群书，但是他们有独立的思考能力，可以兼收并蓄，把这些知识消化容纳进自己的思想体系。这样，他们的知识储备越来越多，但不会杂乱不堪，都被有序地编入他们独有的思想体系中。他们自己的思想体系就像是风琴的低音部，始终处于主导位置，不会被其他音调所淹没。而那些只吸收外界知识不进行思考的人的思想，就好似一首断断续续的乐曲，音节很丰富，但杂乱无章，别人根本听不出一个基本的音调。

那些终身读书但不思考的人，虽然拥有很多知识，但缺少对知识的有机联系和深刻认识。就像他们可以在书本中了解到一个国家的大概情况，但对这个国家具体的风土人情缺少一个具象的、深刻的认识。而那些一生都在思考的人，就像是亲自到那里生活过一般，对那个国家的古往今来、人文地理了如指掌。

善于思考的哲学家相对于一般的学者，就像是目击者相对于历史学家一样，他们总是根据自己的切身经验去思考事情，绝不会鹦鹉学舌。这就是为什么立足点不同的哲学家总会对某一个问题做出相同的结论。他们都在追求客观，如果事件本身不会影响到他们的立足点，他们的见解就会完全一致。也许你会有过这样的经验：自己犹豫再三才发表了一篇标新立异的文章，本来还有点忐忑，后来竟在古圣先贤的书籍中发现了同样的观点，这是怎样的一种惊喜！

而一般的学者只会罗列别人的观点，然后把这些观点互相比较，批评鉴定，试图以这种方式找到事情的真相。这跟考据式的历史编纂学者有什么两样呢？例如，他们会去研究莱布尼兹是否追随过斯宾诺莎思想这类的问题，大家在赫尔巴特的《道德和自然权利的分析说明》和《关于自由的通信》中可以看到典型的例子。这类人做这种工作时需要遍翻典籍，他们竟自寻烦恼去下这种苦工，让人觉得很惊异。其实，只要关注事件的客观存在，再加上一点点自己的独立思考，就能找到答案。不过，这也有一定的难度，毕竟，读书随时都可以坐下来，但思考问题则不能随时随地进行。思想就跟人一样，我们不能保证对方随叫随到，只能等待他们自愿出现。只有当外界环境、内在情绪和个人兴趣调和一致时，对某个问题的思考才能自然产生；而这种思考绝不会出现在那些一般学者的头脑中。

想想我们思考自己的利害得失的时候，就能够明白这个道理。当我们必须对一件关乎我们自身利益的事情做出决定时，我们并不能即刻坐下来静思、权衡利弊并做出选择。你会发现：你想要这么做时往往无法集中精力，总是会不由自主想到别的事情上去。加上不愿意面对这件事，就使得自己很难去思考如何抉择。所以，我们切不可勉强自己，应该静候佳境，让想要思考的感觉自然到来。这种思考的感觉可遇不可求，所幸它会多次出现；不同的时间、不同的情绪，会给我们带来不一样的答案。

这个漫长的过程就是平常我们所说的"深思熟虑"。一次思考就下结论总会有考虑不周的嫌疑，所以，成熟的决定总是要分几次思考来完成，这样，这一次我们没有想到的东西下一次就有可能被我们列入考虑的范围，甚至连我们最初的抵触情绪也会随着了解的深入而消失殆尽。

同样，思考理论问题也需要等待恰当的时机。即使是伟人名家也不例外，他们往往会在不能独自思考时以读书代替。我曾经说过，阅读是思考的代替品，它呈现给我们的是别人的思考成果，为我们自己的思考提供素材。读书的作用仅此而已，不要读太多书而让它喧宾夺主，代替了我们的独立思考，使我们失去对客观生活的关注，习惯于走别人的老路。因为思考的诱发和心境往往来自客观的现实世界而非书本世界，客观的现实世界是原始的存在，它的力量可以激发我们思考，是我们思考的自然起因。

鉴于上述因素，我们很容易从一个人的谈吐和著作中判断出他是一位哲学家还是一般学者。这一点也不奇怪，两者的区别是非常明显的：哲学家有个人的信念，其思想和语言都富有创造力，你可以感觉到它们是诚挚的、原始的；而一般学者只是拾人牙慧，就像收藏爱好者把不同人的东西收集到一起占为己有，却未必真正懂得这些藏品。他们追求流行的文风，但内容又是传统的、毫无新意的，所谓的"新瓶装旧酒"就能够很好地说明这种情形。这就像没有能力生产货币的小国只能用别国的货币一样，毫无自主性。

单纯的经验与读书一样无法代替思考，它与思考的关系就像吃饭与消化吸收一样。如果认为是因为有了经验才有人类的思考，这就好比以为有了嘴巴才有身体的其他功能一样不切实际。

思想能力不同的人写出来的作品是不同的，人们总是能够从作品是否有果断的判定和清晰的逻辑来区分。有独立思考的人写出来的作品思路清晰、观点明确、语言简单明了；不管是用散文、诗歌，还是音乐来表达，都不会影响读者对他思想的理解。而思想能力一般的人行文时正是缺少这种明晰的逻辑和果断的判断。

具有极强思考力的人，他们总是根据自己的经验去对事物做出判断。所有的表达都是他们独立思考的结果，以至于发表的言论就像君王一样，不管在哪里都是一种权威。而思考力一般的人虽然也有自己的思想，但都是臣服于君王的，缺乏独立性。

所以说，每一位真正独立思考的人都相当于至高无上的君王，他们有自己的判断，说出的话就像君王的圣旨一样拥有至上的权威，绝不受命于人，也不会受其他人的言论所左右，只认可自己验证过的东西。而思考力一般的人总会随波逐流，受制于社会上形形色色的流行言论、权威观点或世俗偏见，跟生活中因循守旧的人们没什么两样。

有些人一遇到有纷争的问题，总是喜欢引用权威者说的话来代表自己的观点，他们会以此为荣，这样的人不在少数。正如塞内加所说的那样："每个人宁愿去相信，而不愿去判断。"这些人没有自己的思考力，自然也就没有批判力，在他们的眼中，权威者说的话就是最有力的论战武器。于是，每遇论战，就抬出权威来镇压对手，并呐喊着自己的胜利。

在现实的世界中，我们会因为无法避免的重力规则而无法享受到真正的轻松、快乐；但是，在精神的世界中，我们没有肉体，不用受重力影响，更不会有困苦。所以，有着丰富而完美的头脑的人，在得到启示的一刹那所感受到的幸福是俗人所无法体会到的。

这美妙的思想就跟我们的恋人一样，刚恋爱时绝不会相信自己会冷落对方，思想刚出现时我们也总是以为自己将毕生难忘。然而，时过境迁，我们会与恋人分手；如果我们没有及时记下来，印象再深刻的思想也会被我们遗忘，就像再美好的恋人，如果不结婚终有离开的那一天。

　　一个人可以得出很多对自己有用的思想，但如果把这些思想记录成册供人阅读，能够产生共鸣或者引起强烈反响的只占极少的比例。但是，真正有价值的思想最初的出发点都是为了自己。我们可以把思想家分为两种：第一种是思想家，他们的思考完全是自发、自主的，他们以能够思考为幸福，绝不会为了迎合别人而去思考，这种人才是真正的哲学家；第二种应该叫诡辩家，他们热衷于讨世人的喜爱，他们的思考也是为了满足别人的需要，并从中获得幸福感，只是表面上看起来像个思想家而已。我们从一个人的思想表达方式和风格就可以轻松地判断出他属于哪一类思想家。例如，利希滕贝格是第一种类型的思想家，而赫尔德则属于第二种诡辩家。

　　生存问题一直困扰着人们，它让人感到迷惑、痛苦而又有希望，飘忽不定，让人无法掌控。对每个人来说，这都是一个非常重要的问题，关乎自身利益，比任何问题都重要。然而，很少有人认认真真地思考过这个问题，他们整天浑浑噩噩地忙碌着，完全意识不到这个问题的存在，只看着眼前的生活，从不愿意去思考自己存在的意义。出现这样的情况，要么是因为他们确实不愿意去面对这个问题，要么是心甘情愿地满足于随大流的生活。鉴于此，"人类是思考的生物"只能在广泛意义上适用。这样，我们也就不会惊讶于人类的无思想和愚蠢了。毕竟，在一般人眼中，人类的智慧远高于动物，因为动物只知道当下，不记得过去，也不知道有将来，而人类知道思考。

其实，人类的思想远没有大家以为的那样深远，从大多数人的言谈中就可以证实这一点。如果你注意观察大多数人说话时的情形，你就会发现他们的思想凌乱不堪，就像被切过的稻草一样细碎，你无法从他们说的话中找到一条完整的主线。

假如在这个世界上生活着的人都能够真正独立思考，那么，就不会有那么多毫无意义、令人憎恶的噪音肆无忌惮地出现了。假如造物者希望人类思考问题，就不应当给予人类耳朵；或者，至少赐予一对令我羡慕的像蝙蝠那样的耳朵，可以自由关闭。但可悲的是，人类和其他动物一样，所有的功能都仅仅是为了维持生存。所以，无论白天还是黑夜，人都需要始终张开自己的耳朵去聆听，以提醒自己"追捕者"的到来。

生存空虚说

自杀

据我所知，在所有的宗教信仰中，只有犹太教这个一神教认为自杀是一种罪恶。然而，让人感到奇怪的是：无论是《圣经·旧约》还是《圣经·新约》，都找不到任何关于禁止或者责难自杀行为的条文。所以，那些传教士们只能用自身的哲学知识作为基础去宣扬自杀是犯罪的理念。那些哲学基础远远不能支撑这个理念，传教士们只好尝试用自己对自杀行为的深恶痛绝的言论去弥补。所以我们就常常听到这样的话："自杀是最大的怯懦""疯子才会自杀"，或者"自杀是在犯罪"之类毫无说服力的说教。这是明摆着的事情：这世上没有什么东西比生命对我们来说更属于自己。这让我想起了食古不化的英国，在那里，自杀的人不仅被没收财产，还会被处以一种侮辱性极强的葬法。这样一来，一旦遇到审判自杀的案件时，总是被判决为精神错乱。其实，要想对自杀做出一种判定，是不是应该先从道德情感来谈起呢？例如，你认识的一个熟人犯了杀人、欺诈、盗窃等罪或者他自杀了，你会怎么想？相信你对犯罪了的熟人也会感到非常生气，甚至会有要求严惩的欲望；而面对自杀的熟人，相信你不会觉得他是犯了罪的，反而会对他产生同情之心，为他的勇气而敬佩。每一个自杀者都会有自己的亲朋好友，这些人会对自杀者投以对犯罪者的憎恶之情吗？不，肯定不会！所以，在我看来，某种行为本来是值得人们敬重的，神职人员却以他们特殊的身份，在神坛上、在他们的著述中加上了犯罪的印记，甚至拒绝为有这行为的人举行体面的葬礼——尽管他们无法从《圣经》里给出依据，也没有任何足以说服民众的哲学理论。如果有人质疑，他们就会想方设法来论证自己是对的，或者直接责备质疑者。即使刑法禁止自杀，也不见得它能够在宗教上有什么效力，而且颁布这样的禁令本身就荒唐可笑，大家想想：一个连死都不怕的人，他还会担心法律的制裁吗？如果说法律能够惩罚那些自杀未遂者，那也不是惩罚这个人自杀的意图，而是对他自杀失误的处罚而已。

其实，古人对自杀的看法与此完全不同。老普林尼在《博物志》第二十八卷中这样说道："并不是每个人都愿意挺到生命的最后那一刻，即使你有这样的想法，你也逃不过死亡这个课题。无论你是谁，地位多高，或者如何欺世霸市，都难逃一死。所以，在适当的时机离世，特别是可以自杀是大自然赋予人类最宝贵的财富。"他在《博物志》第二卷还有这样的言论："神并不是万能的，因为他无法决定自己的死亡，即使他想，也做不到。而人类能够自杀，这是人类诸多不幸福中的万幸。"在马西利亚和科斯岛，如果有充分的自杀理由，政府还会理所当然地赐予毒药。而且，古时也有无数的英烈和先贤都是以死明志的。虽然亚里士多德也说过自杀是犯罪，但那是针对一个国家来说，如果对自杀者个人来说的话，则一点事也没有。后来，斯托贝斯在关于亚里士多德派伦理学的解说中，也引用了他的这句话："最不幸的好人和最幸福的坏人都应该自杀。"斯托贝斯还进一步说明："所以，人不仅应该结婚生子，报效国家，还要行善积德。想方设法存续生命，然而必要时，也可以为了某些使命而放弃自己的生命。"斯多葛学派更是把自杀当作一种高贵的英雄行为，并在他们的著作中体现出来，尤其是塞涅卡的作品。另外，自杀在印度是作为宗教行为而存在的，

叔本华：活出人生的意义
shu ben hua
　　huo chu ren sheng de yi yi

例如娑提仪式中寡妇赴火殉夫的行为，投身到讫里什那神车的车轮下的行为，舍身喂食恒河、神殿圣池中的鳄鱼的行为，比比皆是。同样，在反映生活的戏剧舞台上，也演绎着一幕幕自杀的场景。例如在中国著名的戏剧《赵氏孤儿》中，几乎所有的高贵角色都是以自杀告终。观众们会认为这些人有罪吗？不会。无独有偶，我们的戏剧《穆罕默德》中的帕尔米尔，《玛利亚·斯图亚特》中的莫蒂默、奥赛罗，《华伦斯坦》中的特尔茨基伯爵夫人等也都是自杀身亡的。难道哈姆雷特的独白是一个犯罪的冥想？不是的。他只不过是表明：如果我们必然会被杀戮，死去就比活着更可取。然而事情总是难以如愿以偿。所以，那些一神教犹太教的神职人员和与之趣味相投的哲学家们所提出的反对自杀的理由是非常薄弱的，是不值得一驳的诡辩。不过，休谟还是在他的《论自杀》中对此做了强有力的驳斥。这本书是在他去世之后才得到出版，刚一发行即刻被查禁，因为它挑战了英国的传统和宗教信仰，只有少数的几本以高价秘密卖出。现在，我们还能看到这位伟人的作品得益于巴塞尔对其图书的再版。这原本是英国最伟大的思想家、著作家写的一本纯粹的哲学论著，只因他以客观、理性的态度对当时流行的自杀是犯罪论给予了反驳，使得这本伟大的论著在自己的国家成了禁书，却靠别的国家的保护才得以保存下来，这对英国的国民来说是莫大的耻辱。从这件事中，我们也可以看到教会对富有良知的民众报以怎样的态度。其实，我早就在我的主要著作中提出过反对自杀的唯一依据：对于生活在痛苦中的人们，自杀是摆脱苦海得到解脱的一种方式。换句话来说，这只不过是表面上得到了解脱而已。这样，我们将无法实现最高的道德目标，这才是反对自杀的理由。基督教神职人员所说的"自杀是犯罪"和这个理由相比则差了很多。

基督教的教义认为：人生来就是要受苦的。自杀的行为与这一教义相悖，所以才会不予认同。而在古代，人们不仅不认为自杀是错的，还敬重自杀这种行为。基督教反对自杀，是禁欲主义在作怪，从伦理学的观点来看，这又要比那些欧洲的卫道士们的立足点要高明很多，也比较说得通。不过，一旦离开了这个立足点，他们将没有任何理由去责难自杀了。为什么一神教的神职人员在没有《圣经》和其他权威的支撑下还要如此强烈地反对自杀呢？我想这里面应该还有我们看不到的原因。难道他们是想让那些企图自杀的人认同他们对世界美好的看法？如果真是这样的话，那恐怕他们是白费口舌了，而这也将成为各一神教过于乐观的例证。

叔本华：活出人生的意义
shu ben hua
　　huo chu ren sheng de yi yi

总而言之，如果一个人对生存的恐惧超过了对死亡的害怕，他就会义无反顾地走上自杀的道路。但是在面临死亡的时候，他也会有所犹豫，这就是人们常说的"逃离生活的出口有卫兵把守着"。假如每个人的最终结局都是消极的，而又允许中途选择终止自己的生命，那么，恐怕没有人不选择自杀吧？还好，还有能够起到阻止自杀的积极因素，那就是肉体的毁灭。因为肉身是人们生存的外在显示，所以大家都害怕自己的肉身毁灭，这会让他们退缩，不去自杀。

知道生命的守卫者并不像我们想象中的那样强壮，特别是肉身满足不了精神生活的时候。举个例子来说，相信每个人都经历过，当我们的肉身正承受这巨大的痛苦时，我们就不会顾及其他的苦恼，一心只求病痛的消失。同理，强烈的精神诉求，也会让人完全忽略肉身的病痛。不仅如此，肉身的病痛会让我们的注意力转变方向，对我们来说也是一个停止精神苦恼的机会。对于那些精神备受折磨的人来说，自杀时肉身的痛楚简直不值一提。所以，精神上受折磨的人比较容易自杀，特别是那些心里有着无法开解的心病的人，这些人根本不会克制自己，只要身边没有人，他们便会选择自杀。在他们的眼中，这种痛苦就像是做噩梦时的恐惧一样，恐惧感会让自己觉醒，之后所有的痛苦源头都随之消失殆尽。

  从另一个角度来看，自杀也算是一种实验，是人类向大自然寻求生命答案的实验。人们想要弄明白：在死亡之后，一个人的认知和生存会有怎样的变化。不过这是一个最失败的实验，因为寻找答案的意识也会随着死亡而消失，根本得不到答案。

生存空虚说

以面识人

俗话说，相由心生。从一个人的相貌可以看出他是个怎样的人。为了验证这一结论，人们总是想要亲眼看看大善人、穷凶极恶的人、从事特殊职业的人长什么样，如果没办法看到，他们就退而求其次，向其他人打听这些人的事迹，因此，这类人的住址一旦被泄露，人们便会蜂拥而至。加上英国的新闻传播事业比较发达，报道这些人时总是特别详细，于是就有画家或者雕塑家根据报道把他们的相貌画出来或者雕塑出来，为了满足民众一睹这些人的风采的愿望，甚至发行这些人的照片。同样的，我们平时也特别留意我们身边的人，希望以相面的方法从这个人的容貌中探知他的人品与智慧。不过，有些评论家这样说：精神和肉身完全是两码事，精神和肉身的关系就像一个人和他所穿的衣服一样，完全是两样东西。按照这种说法，人的容貌与这个人是怎样的人完全没有关系，那么，通过相面来了解一个人便是很荒唐的事情。

但是，在我看来，人的相貌就跟象形文字一样，我们可以根据他的"形"来解读出他的"意"，因为"什么样的人拥有什么样的容貌"这一理论已经在我们的头脑中根深蒂固地存在着了。而且，它能够告诉我们很多无法言说的有意思的信息，因为一个人的相貌反映的是一个人真正的意欲，记录着他的思考和欲望。再加上一个人的嘴巴只能告诉别人他本人的思想，而他的容貌则能反映出整个人类的自然思想。所以我们不需要跟每一个人交谈，也不需要耗费太多精力，只要观察就可以了。一个人就是整个人类自然的单个思想，如果说每一个人都值得观察，那么可以从单个人的身上提炼出美是观察他们的最高收获，因为美是一般性概念，是种族的自然思想，比人类的自然思想更高级，这也是美那么吸引人的原因。可以说，美是大自然的根本思想，而一个人只是它的附属产物。

每一个人都有自己坚持的原则，虽然嘴上不说，但心里总是在坚持着，这种坚持，不是说就是不好的，而是要看他坚持的是什么。以面识人是我们的天赋,但也得靠经验的积累,把每一个人都准确地看透是很难的,即使是最厉害的相面师也有出错的时候,不过错不在对方的容貌,而在相面者本人,因为他没能全面地解读对方容貌所反映的内容。这相面之术,说起来挺难的,没有什么定理供我们学习,而且不能带一点个人情感,还不能提前做出判断,也就是说完全不能有主观意识,只能靠纯客观的观点才能够有所得,否则,就会被容貌上的信息所迷惑和误导。只有不认识字的人才能真正地欣赏语言的发音,因为只要我们懂得文字的意义,就会忽略掉语音本身,直接从文字去理解。所以,相人的对象不能与我们太亲近,换句话说就是陌生人,这样我们才能不带着主观判断,纯客观地去解读对方的面相,特别是第一次见面的时候。就像第一次闻到的气味,才能让我们注意到它的存在;第一杯葡萄酒,才能让我们品到它真正的味道一样,第一次看到的容貌,才能让我们解读出它真正的内涵。如果你的相面技术还不错,一定要把以后还会继续交往的人的第一印象记下来(因为人随着认识时间的推进,初见印象就会渐渐变淡,直至消失),到日后了解了他之后,就会发现你对他的第一印象竟神奇般地一一验证了。

不过我们对陌生人的第一印象往往不太友好,这是众所周知的事情，没有必要隐瞒。只有那些极其漂亮、善良、聪明的面孔例外，不过这样的人寥寥无几，任何敏感细腻的人面对一张新面孔，心里都会涌起一股惊愕的感觉，总觉得自己眼前的人不太讨人喜欢。这是因为人们面对陌生人时不能完全打开心扉，脸上的表情不自觉地会变少，显得很冷漠，他们本性中粗鲁、不太有素质、小心眼等方面都会显现出来。

博学睿智者的容貌是岁月刻画的结果，所以那些在人生暮年还拥有这种高贵的容颜的人，年轻时不一定这样明显。其中的原因前面已经讲过了，就是我们的面部表情，都是由无数个生活瞬间经年累月形成的。这和我前面讲过的"对第一次见面的陌生人的容貌会感到惊愕"和"相面得在第一次见面时才能得出正确的答案"是相呼应的。所以，要想从一个人的容貌中得到一个纯客观的印象的话，就不能与他发生任何关系，并且不要与他说话。一旦与对方说话，就有可能拉近两个人的距离，有了亲切感就会融入主观因素，这样就很难做到纯粹的客观了。而且，人总是习惯于迎合别人以获得好感和尊重，对方有可能在与我们交谈时特意掩饰自己、故作姿态，以迎合我们的喜好、讨我们的欢心，这就会使得原本我们能看清的事实被他的面具所掩盖了。

本来应该是"日久见人心",然而越容易骗到你的往往越是你熟悉的人。人们总是在上当之后才发现对方本来的面目,也只有在受骗之后才惊觉原来自己在初见对方时的判断竟是如此准确。那么,为什么有些人越熟悉越了解呢?这是因为我们在与他们第一次见面时就有了戒心,所以我们一深入接触,就很容易了解到他们的性格和修养。换句话说,不仅这些人的本性,乃至所有人类拥有的东西都能从他们的身上看到。他们所说的话,四分之三都不是出于他们的本性,而是来自外部世界的影响。所以,当我们看到牛头怪弥诺陶洛斯开口说人话时会震惊不已。这样,我们对原本熟悉的人又有了更进一步的了解。总之,在第一次见面时,我们可以清楚地在对方脸上感受到他所有的"兽性"。所以,具有相面天赋的人都是在与对方接触之前做出判断。这是因为人的所有特性都会反映在相貌上,如果在之后的接触中被骗了,不能怪对方的相貌,只能怪自己没有在第一次见面时观察出来。再者,人说出来的话,只是代表他的所思所想,同时还受他学识的限制,更有甚者,就算他自己都不得要领的事情,也要装作很了解地向你介绍。总之,从嘴里说出来的话语就是人们用来伪装自己的工具。当然,面部表情也是可以伪装的,这是因为人们在交谈时或者听别人说话时,总是会特别注意对方的表情而忽略对方原本的容貌，所以，有心伪装的人在说话时总是会在表情上下功夫。

有位小伙子被介绍到苏格拉底那里去做能力鉴定，苏格拉底对他说："请你谈谈你自己以便我了解你。"这句话不无道理。因为只有在说话的时候，人的表情才会活跃起来，特别是眼睛，他的才智和能力因此都反映在他的脸上，这样，我们就可以根据他的面相来判断他的才情及能力水平了。不过从另一方面来看，还存在着这样的观点：第一，上面所说的规则无法观察到一个人的道德品行，因为道德品行更深沉些，隐藏在心灵深处；第二，在对方说话时去观察对方，会影响自己对对方的客观判断，因为说话时随着脸上肌肉的活动，脸上的表情会变得丰富，我们在与之互动的时候，会带进主观因素，因而影响到纯客观的因素。这个时候发生的互动关系，虽然力量很小，但正像前面已经说过的那样，这已经使我们失去了纯粹客观的立场。从这方面来看，好像苏格拉底应该说"请不要说话以便我了解你"才更恰当些。

虽然可以利用表情来伪装自己，但并不影响人们通过相面的方式去了解别人，因为表情的伪装只限制于感情方面和模仿他人的范围而已，其原本的面貌是无法进行伪装的。所以，我们要相面的话，最好让被观察者独处，不要与他说话，让他能够完全沉浸在自我之中。为什么呢？因为人只有在独处时才能够完全展现自我，这样才能够反映出其最纯、最真的面貌，一旦与人有了交流，就会融入感情或者伪装自己。还有一个原因，任何的接触——即使是最轻微的接触，都会使我们在相面时融入主观因素，导致判断失误。

对于相面来说，人的才智比人的道德更容易被观察到，这也许是因为人的智慧更加外显。一个人的才智不仅能够反映到相貌上，还可以从他的步态、举手投足间或者任何细微的动作中折射出来，这就是为什么我们从背影就可以知道这个人是智者还是个傻瓜。行动迟缓、动作粗鲁的人，一般智力不会太高；而聪明人和思维缜密的人同样也可以从外形中看出来。所以，拉布吕耶尔才有了这样的言论："无论我们的行动多么细微，即使细微到别人看不出来，也都反映出我们的本性。一个智力低下的人，不管静坐、站立、走动还是沉默，都与智商很高的人截然不同。"爱尔维修也曾经这样说过："一般的人都有分辨天才的能力，并会本能地回避他们。"他的观点可以和拉布吕耶尔的见解互为佐证。那么，我们为什么能够从人的举动中区分出天才和傻瓜呢？这是因为大脑容量越大、头脑越发达的人，或者大脑中脊髓和神经占比越小的人,他们的智商越高,而且四肢的灵活度和柔韧性越好。这是因为这样的大脑对四肢的支配更直接,几乎所有的动作指令都来自一个神经系统,使得所有的动作都能够快捷、准确地完成。这与动物进化论中的"越是高等动物越能一击而死"的道理是一样的。大家都知道,乌龟之类的动物,动作迟缓笨拙,它们虽然愚笨,生命力却很顽强。这就是它们的脑量很小,而脊髓和神经又很大的原因。

其实,足部和手部的动作主要是由大脑来指挥的,大脑发出运动的指令,经由脊髓和神经传达到手足,进而由手足完成运动指令,任何动作,哪怕是极其微小的动作指令都是从大脑发出的。这也是意识活动同样使人疲劳的原因。疲劳的感觉跟痛苦的感觉一样,都是来自大脑而非手足,所以,疲劳可以使人更快进入睡眠的状态。不过,心脏、肺腑等脏器为了维持生命的运动则不是由大脑来指挥的,它们是无意识运动,即使持续不断地工作也不会感到疲劳。因为思考和手足的运动都是由大脑来指挥的,所以一个人怎么样,就可以通过思考和手足运动的状态来判定。就像那些脑子不灵活的人,他们的行为举止像木偶一样显得呆笨、不灵活;而那些头脑非常灵活的人呢?他们身上所有关节就像他们那能说会道的嘴巴一样，想怎么动就怎么动。

其实，要知道一个人的才智如何，从行动和姿态中去辨别，还不如从容貌入手。具体来说，脸部的形状、脑门的大小、五官的灵活度都可以反映出来。特别是眼睛，最能体现一个人的才情如何。才情最低的人，其眼睛一般小得像猪眼一样，呆滞无光；而那些天才的眼睛都是炯炯有神的。还有那些算不上天才，但也属于聪明的优秀人才，他们的眼睛也神采奕奕，但比不上天才的眼睛。聪明人的眼神需要意志来控制，而天才的眼神是天生的，与意志无关。斯夸扎菲克在《彼特拉克传》中记载了一则由约瑟·普利维斯流传下来的逸事，正好说明了这一点，约瑟·普利维斯与诗人彼特拉克是同时期的人，所以这件事的可信度比较高。具体内容是这样的：彼特拉克曾经流连在官绅贵族之间，有一次，他来到维斯孔蒂宫廷，那时的G·维斯孔蒂（米兰第一公爵）还很小，是那天在场的唯一的未成年人。这个小孩的父亲让他从在场的官绅贵族中选出一位最聪明的人。他仅仅环视了一圈，就笃定地拉着彼特拉克来到他父亲跟前，这让在场的人都很震惊。从这件事中，我们也可以看出：大自然在天才的脸上留下了多么明显的印记，连小孩都能不假思索地辨认出来。所以，我要劝告聪明的国人：如果你们想要

叔本华：活出人生的意义

吹捧一个平凡人，说他30年后一定能成为一位伟大的思想家的话，一定不要选择那种大腹便便、肥头大耳、笨拙粗胖、一脸世俗的人，因为大自然已经在这种人的脸上清清楚楚地刻上了"凡夫俗子"的印记。

不过，人的道德品行与才智并不成正比，以面识人，仅仅能识别这个人的才智，我们并不能从一个人的容貌去判别他的道德品行。这是因为道德品行是属于形而上的范畴，是比较深刻的东西，虽然它也和身体有点关联，但不会跟身体某个部位或者器官产生关联，更不会像才智那样和身体有直接的关系。每个人都是竭尽所能地表现自己的才智，但不会将自己的道德品行暴露在外，反而会想方设法去隐藏自己的道德品行。所以，我们能够轻轻松松地从容貌中判定一个人肯定无法写出不朽的著作，却无法知道这个人会不会犯下滔天罪行。

生存空虚说

生存的虚无

如果对人的存在进行深层次的思考,很多人会得出这样一个结论:生存是虚无的。确实,从所有物种的生存形式来看,生存的时间和空间本身就是无限的,而我们某个人的生存不管是在时间还是空间的范畴,都是非常有限的。实际上,我们唯一的生存方式就是我们常说的"转瞬即逝的当下"。但这并不表示个体能够单独存在,万事万物都是相互依存的。生存的状态不是固定不变的,"永恒"只是人们的美好愿望,这世上唯一不变的就是变化。但人们总是得寸进尺、欲壑难填,总是希望自己的生存质量更高、长度更长。然而,人们的努力常常受到阻碍,所以人们总是为了生存做着种种斗争,在克服这些阻碍之前人们决不善罢甘休。

在时间长河中的某段时间，或者是在时间的流转中，万事万物所发生的变化，都只是一种形式而已。在这种形式之下，生存是亘古不变的意志，然而，为生存所做的努力往往都会归于虚无。我们所拥有的一切，都会随着时间的推移而化为乌有，所有的东西都会失去其本真的价值。

曾经拥有的东西都像那东流水一样，一去不复返。现在无法拥有的东西就跟过去不曾拥有的东西一样，都是没有。而当下所有的存在，又会因为时间的推移，在转眼间成了过去。所以，过去的辉煌、至关重要的事情与当下的平常、稀松平常的琐事相比，就显得不那么重要了。因为当下是真实的存在，而过去已成为虚无，这两者就相当于"有"聊胜于"无"。

回望漫漫的历史长河，我们会对自己突然来到这个世上，又突然消失不见的事实感到惊异不已。对于自己来去的无常和短暂，人们在心理上都难以接受，觉得这不是真实的。就连那些只有一点悟性的人，在看到这样的状况时，都能领悟出：时间在某种性质上就是一种理想的东西。其实，时间和空间的理想性就是解密所有真正的形而上学问题的关键。因为有了这样的理想性，我们才能发现跟我们生活的自然秩序完全不一样的秩序，对我们研究生存具有重要的意义。康德之所以这么伟大，就是因为他发现了这一个真理。

虽然我们经历过很多事情，但真正拥有的只不过是当下的一瞬间而已，这一瞬间一过去，就不得不承认它只是我们的一个"曾经"而已了。夜深人静的时候，每每想到这一点，我们总会觉得自己一天活得不如一天，这时候，总会在心底暗暗地想：如果我们能够拥有源源不断的能量，那么，我们就可以活得更长久。每个人心底都深藏着这样一个愿望，如果没有这样的愿望，我们面对自己短暂的生命就这么一瞬间、一瞬间地过去，肯定会崩溃吧。

基于上面的理论，我们可以说：只有当下才是现实，其他所有的东西不过是思想的游戏而已，所以，真正的、理想的人生就是"今朝有酒今朝醉"。不过，这样的人生观也是最愚蠢的人生观，因为"今朝醉"的下一瞬间这个感受又没了，像泡沫一般消失得无影无踪。这样的生存状态，并不值得我们付出任何的努力。

可供我们生存立脚的基础就是那转瞬即逝的"当下"，所以，永恒的变化是我们生存的本质，我们孜孜以求的"安稳"只不过是梦幻一场。我们的生存，就像在陡峭的下山路上一样，我们不能停留，只能一路向前奔；又像那被放在手指上的平衡木一样，需要不停地摆动以维持平衡，不至于掉落；也像那往复循环的行星，一旦止步不动就会坠入茫茫的宇宙当中。可以说，变动才是生存的真正形式。

在这个世界上，不存在任何形式的安稳状态，或者说没有任何一种状态可以持续保持，所有的一切都在不停地运转和变动。就连我们要想让自己在这个世界中生存，也得需要像走钢丝表演的人那样在世界这根"钢丝"上不断前行，不停地行走。在这样的世界中，幸福简直是天方夜谭。正如柏拉图所说的那样："在这个世界上唯一的生存方式就是不停地变化，一旦停留就面临灭亡。"这就说明了我们不可能留住幸福。首先，我们需要有这样的认知：没有谁能够幸福，我们追求的幸福只存在想象当中，能实现这种幸福的人少得可怜，即使能够实现，他也会在实现的那一瞬间失望地发现"这并不是自己想要的"。所以，每个人到最后都会像一艘经历了暴风雨之后返回港湾的破败不堪的小船。既然都要回归最后的港湾，所有人的结局都一样，我们还有必要讨论那变化无常的人生到底是幸福还是苦难吗？

特别让人感到惊讶的是：不管是人类世界还是动物世界，竟然是因为饥饿和性欲，才有了这丰富多彩的永恒运动。此外，烦恼、郁闷的感觉应该也多少起到了一点促进作用,而这就是我们这一生所有一切的主动力!真是太难以想象了!

如果我们再用点心观察各种生存现象,就会发现有源源不绝的化学力量影响着无机物的生存,并最终使它们消失;而有机物的生存正好相反,它们通过物质的代谢作用不断地更新生存的状态,不过它们也依赖外界而生存,其代谢物需要不断地从外界得到补给——补给、匮乏不断地更换,两种状态需要保持平衡,有机物才能继续生存。不过,也正是因为有了这些有机物的循环更替,才有了"意识"的存在。因为得不到外界的援助,有机物就无法存在,所以有机物的生存也是有限的存在。那么,与此相反的将是一个无限的存在,它不受外界干扰,不须任何援助,自身永远保持一个固定的样子,处于静止的状态,所以它不会灭亡,也不会发生变化。时间对它来说毫无意义,它永远保持单一的状态。正是有了这样消极的认识,"生存意志"的否定有了存在的依据,柏拉图哲学也是在此基础上产生的。

我们的生活面目,就像油画一样,近距离欣赏,我们感受不到画面的美好,非得距离远一点,我们才能看清画面的内容。所以,当我们获得期盼已久的东西时会觉得并不如当初想象的那么美好,反倒觉得是那样稀松平常。虽然我们总是期待未来的美好,却也常常悔不当初,希望历史重演。这是因为我们身处当下,无法全面地看待当下,以为当下只是为了实现自己的人生目标而不得不走的道路,所以总是觉得以往和未来是美好的。长此以往,当我们走到生命的尽头时,回首往事,就会发现自己被自己的"期待"愚弄了一生,追求的竟如此枯燥、毫无价值,而错过的恰恰是自己的一生所求。所以,人的生存总是被自己的"期待"牵着鼻子走,直至走向死亡。

每一个人都是贪而无厌的,实现一个愿望,又会有新的愿望产生,人生就是在不断地实现愿望。为什么会这样呢?因为"意志"自认为自己是世界的主宰,所有的一切都是属于它的,所以,部分愿望的实现并不能满足"意志"本身,它想要的是整个世界,而整个世界哪有止境?其实,在一个个愿望实现的过程中,仅仅满足肉体的生存而已,"意志"本身获得的东西实在少得可怜。

人生首先表现为一个任务,就是维持自己的生命。但让自己存活之后反而成了一种负累,这又会产生第二个任务。这个任务就像那些没有天敌的猛兽在收获颇丰之后,为了打发无聊而立刻将自己的收获做适当的处理一样,只是在满足生存条件之后需要设法驱赶无聊。所以,人类的第一个任务是获取物质,第二个任务则是处理所得,消除满足感，否则，人生就会成为负累。

　　人生就是一种迷惘，因为人是一种很复杂的生物，他的欲望很难满足，即使得到了满足，也不过是一种没有痛苦的状态，但这会给他带来更多的烦恼。正是这种情况使得人们经常感到空虚，进而也证明了生存就其本质而言毫无价值。如果我们的所作所为都是为了生存这个需求，而这些行为本身就具有积极、真实的价值，那么，我们就不会有任何烦恼产生，反而会为自己能够活在这个世界上感到满足和充实。不过，如果我们不努力去获取某样东西，也不去研究一些学术性的知识，我们就无法生存下去。努力去获取某样东西虽然会消耗我们的一些生存时间，或者会遇到阻碍，但这样东西会激励着我们，使我们感到满足，即使这种激励的作用、满足的感觉会在目标实现的那一刹那消失，也不能抹杀它在我们生存中的作用。投身于学术研究，我们可以像看戏一样，站在人生的高度去审视人生这出戏，我们会在"看戏"的整个过程中满足我们所有的欲望，进而得到享受的感觉，即使这种享受的感觉会在"戏剧"落幕时消失，做学术研究也会支撑我们的生存。如果既不追求某样东西又不从事学术研究，我们将会感到百无聊赖，更加切实地感受到生存的空虚。这也就是我们所说的生存的烦

恼——或者是我们与生俱来的内在欲求，例如向往豪华的生活，对非凡的事物感到好奇等，都是违背自然秩序的，最后都免不了成为幻影——即使是那些过着奢靡生活的高官和巨商们也逃脱不了生存中的匮乏环节。所以，静下心来想一想：珠宝、盛宴到底能给我们的生存带来什么？

完美呈现"生存意志"的"人体"即使像个极其精巧而又复杂的机器在运转，也免不了最终化为一撮黄土，它所有的存在、所有的追求最终都归于消亡，我们毕生的追求最终都会归为虚无。这便是真诚、正直的大自然告诉我们的道理。如果生存有一丁点价值，或者有某种绝对的东西的话，就不会以虚无为最终结局。对此，歌德曾经有感而发："在古塔上高高地站着勇士高贵的英灵。"

人生最终都会归为死亡，这只是人类生存过程中的一种现象而已，物自身并没有受此影响，所以，那并不是真正存在的消失，而是一个命题而已。不过，只有在这种现象之中，才能体现出物自身，这个物自身性质的结果就是我们生存的根基。

人类的出世和离世有什么不一样的呢？出世迎来的是热情、欢乐、欲望和幻象，而离世则只有器官的损坏和尸身的腐烂。可以说，生命从开始到终结，在健康和

叔本华：活出人生的意义
shu ben hua
　　huo chu ren sheng de yi yi

　　享受这两个方面常常都是走下坡路的。孩童时快乐无忧，青少年时丰富多彩，壮年时艰难困苦，迟暮时羸弱堪怜，最后还得经受疾病的折磨和临终时的痛苦，这一路过来，日甚一日，是多么明显的一道斜坡啊！从这个角度来看，生存本身就是一个错误，之后就都是错上加错了。能够正视人生的幻灭过程，所有的事情就都能水到渠成。

　　如果我们不看世态的粗线条，特别是那些生死存亡的种族延续或者短暂的虚假生存的现象，只看那些如同在喜剧中呈现的人生细节，就会捧腹大笑。这些世态人情就像是显微镜下的一滴水珠中努力活动的那群滴虫类微生物，或者是一块奶酪中我们肉眼看不到的你争我夺的蛆虫。人生也是这样，高尚、严肃的举动在狭小的空间中总是会给人一种诙谐感；同样的，那些醉心于名利而蝇营狗苟的举动在短暂的人生中也会给人一种可笑的感觉。

　　其实我们的生活就是一个微小的不可分割的点，而人生就像是显微镜一样，在时间和空间这两个拥有巨大威力的镜片下，把生活这个点放大在我们的眼皮底下。

　　时间存在于我们的头脑中，能够让我们产生连续的感觉。在这种作用下，我们就会把周遭的物件和我们那虚无的存在联系在一起，形成了我们以为的现实景象。

如果我们因为自己没有及时抓住幸福或者没有及时行乐而后悔不已,那就再傻不过了。大家想想,即便我们抓住了所有的机会及时行乐,现如今我们又能留下什么呢?不就是一具记忆少得可怜的身体吗?所有的东西都如过眼云烟,所以,不管时间以什么形式出现,不外乎就是告诉我们:人间所有的行乐最后都会归为虚无。

人类和动物一样,都不会在时间的长河中停顿在某一点上,他们会随着时间长河的流动而不断地变化推移,就像旋涡中的水一样。不过,在较短的一段时间中很难发现这种变化,特别是在肉体方面,更不易看出来。这是因为物质不停地进行新陈代谢的工作,其作用比较缓慢,所以不易被发现,从这个角度来看,持续地猎取必需的物质是我们生存的主要工作。在这样不断更替的生存中,人们很快就会意识到"某种事情",于是,他们会在自己离开这个世界之前想方设法把他们的生存遗传给下一代。这种意识,在自意识中成为性冲动,在他们的意识中表现为生殖器官。人们的这种本能把上下几代像串珠一样串联起来。如果这种延续下一代的速度加快,而且每一代都像串珠一样保持相同的形状,就更容易证明我们的生存只不过是貌同实异的存在。就像柏拉图所说的那样:"观念是唯一的存在,其他的东西都是依附于观念而存在。"

人的生存需要养分来维持，外界的物质不断地进入我们的身体，而我们体内的物质也不断地外溢，从这种状态来看，人体对于这些进出人体的物质来说也只是一种现象而已。其实人类的存在也跟其他物质一样需要不断地延续，就像炊烟、火焰、瀑布那样，一旦停止补给，就会立刻停止、消失。

最终会归为虚无的"生存意志"表现在纯粹的现象之中，此"生存意志"又作为虚无的基础，而虚无却又停止在"生存意志"的内部。不过，这里面还有一些地方不太好理解：在这个世界上，触目所及，不管何时何地，人类总是为了自己的生存拼尽全身的力气，绞尽脑汁，同一切威胁其生存的危险和灾难不停地做斗争。人的生存何其短暂，范围何其狭窄，有什么好争的呢？生存的价值又有多少呢？如果我们能够想到这些，就会发现能够脱离生存这苦海的机会何其多。然而，人们抓住这机会之后又会因为无聊和烦恼而痛苦，为了摆脱这种苦楚，又会很快地陷入狭隘的境地。

动物的等级越高，意志力越强，智力越发达，他们的苦恼也就越明显。而人类是最高等的动物，欲望、烦恼绵延不绝，使得人的生存成为一种由"需求"和"梦想"

所支配的活动,没有一点价值。一旦停止需求或者没有了梦想,人就面临着绝对贫乏和空虚。

  任何一个人都不会觉得当下的自己是最幸福的,有这种想法的人,想必已经醉得一塌糊涂了吧。

天才

我在《作为意志和表象的世界》中谈过如何在诗歌、美术等所有真的作品（包括哲学作品）中源源不断地发掘出"认识"的方法。如果表现出来的认识力非常优秀，便可以以天才自居了。这里所说的"认识"，是指对认识的对象要有柏拉图所说的"观念"。这里的观念并不是指抽象的思想意识，而是指从直接观察客观世界中所得到的概括形象。所以，是否对客观世界有全面的直观认识及强烈的直觉，是辨别是否是天才的本质。真正的天才和平时我们所说的"干才"是有一定的区别的，我们可以从绘画、雕塑、建筑等造型艺术这类由直观出发而诉之于直观的作品，或者以直观作为基础所想象出来的文学作品来判别两者。干才的思维比普通人更敏捷、更精确,所以他们表达出来的认识会比直观的认识更犀利、更敏锐;而天才则恰恰相反,他们不是强化直观认识,而是揭示别人所看不到的一面,能做到这一点,是因为天才的头脑比普通人更客观、更纯粹、更分明,因而他们能够对眼前的世界明察秋毫,进而发现普通人所不能发现的一面。

　　智力的功能,只不过是实现人们意欲的工具,所以,利用智力观察世界,看到的只是事物与意欲之间直接的、间接的及其他所有的关系。在此之外的事情,智力便爱莫能助了。在动物界,事物与意欲之间几乎都是直接的关系,与它们的意欲没有关系的东西,会完全被它们忽略掉。但让人惊讶的是:即便是最聪明的动物,对与它们有切身关系的东西,也不会稍加注意。就像生活在它们周边的人类或环境有了非常明显的改变,它们都会无动于衷。普通的人除了关注直接关系,也会关注到可能发生的间接关系,这是普通人认知的系统。可以说,他们的认知也仅限于与自己发生关系的事物上,不能观察到事物的全面、客观、纯粹的面貌。所以说,普通人的直观认识是无目的的,没有充分客观,仅限于自己那点可怜的判断力,如果没有刺激因素,他们甚至会变得麻木而无任何想法。

如果在认识事物的时候，还有多余的表象能力、无意识地制造外界的客观事物的形象，这种想象不表达任何个人意志，甚至会妨碍个人意志的表达，这种状态就是天才异于常人的地方。这就好像有个不属于这个世界的神在活动一样，与真正的自我意志不一样，应该比总是为了实现自己意欲的认识能力更为强大。从生理学上来理解就是脑髓的活动还有剩余，已变得"因过度发育而畸形"。当然，还有相对应的"因欠缺发育而畸形"和"因错位发育而畸形"。所以，智力的"因过度发育而畸形"就是天才的本质所在。正是因为有了这样的剩余，天才的智力就跟普通人不一样，他不仅仅是为自己的个人利益服务，还为了全人类的利益服务，可以说，他的这种剩余可以利用在一切关于生存的事情上面。简单来说，假设普通人是由三分之一的智力和三分之二的意欲所组成，那么天才的智力就是三分之二，意欲则仅为三分之一。我们可以举个化学上的例子来说明一下：盐基和酸素都是中性盐的成分，但两者的性质截然不同，如果在中和时，盐基占优势则呈碱性，反之，则呈酸性。智力和意欲相对于天才和普通人的情形也类似于此，我们可以根据智力和意欲孰多孰少来划分两者的界限，从他们的为人处世和举动中就可以判断出来，特别是他们的工作业绩。当然，我们还要注意到这个例子与人类现象存在一点差异性：在化学中，同性相斥，异性相吸；而人类则正好相反。

认识力的过度剩余，最明显的表现方式就是用另一种形象表达出自己对世界的直观认识。像画家、雕塑家对世界的直观认识就是以这种方式显示出来的。从他们的角度来看，天才对直观认识的理解相当于进行艺术创作，所以，天才表现自己和自己的活动都显而易见，也能够轻轻松松地表达出来。这也就是为什么有那么多纯粹的文学、艺术、哲学作品源源不绝地问世，当然，他们的创作过程也并不容易。

另外说明一下，所有的直观认识并不仅仅只是我们感觉的东西，而是我们的智慧。18世纪的哲学认为直观的认识力是低等的精神活动，如果我们静下心来细细揣摩这个观点，就会发现它有一定的道理。第一个提出这个观点的人是阿德隆，在他看来，天才就是拥有强大的低等精神活动的人。约翰·保罗在他的作品《美学基础》中就引用了阿德隆的这个观点，而且并没有对此做出什么批判性的评论，可见这个观点是可以站得住脚的。要知道，约翰·保罗这位举世闻名的作家在写这本书时有一个人尽皆知的特点：总是采用比喻手法和幽默讽刺的预言来解说理论概念和传输知识。由此不难推测出，约翰·保罗也赞同阿德隆的观点。

所有事物的真正本质都是最先以一个直观的形象展示在世人面前，即使附带一定的条件也是如此。所有的概念、所有经过思考的东西都是抽象的，都是从直观表象中抽出一部分出来思考所得到的。全部深刻的认识，不，原本的知识也一样，都是源自对直观表象的理解，所有不朽的思想、真正的艺术品也都是从对直观表象的理解中产生其生命的火花。而从概念中产生出来的东西只不过是经过思考、仿照别人而得到的思想或者是为了满足当下人们生活的需要而刻意"造"出来的东西，不能当作天才的作品，只能算是干才的作品。

不过，我们依据的直观表象中的实体事物都是在偶然的条件下呈现在我们面前。它们不可能正好在我们需要的时刻出现，也不可能完全按照我们想要的方式、位置呈现，它们本身并不完美，只不过我们能够从它们身上得到一点灵感。所以，那些具有深长意义的作品都是经过有意识地整理、加工，加上作者的想象，才能把这发人深省的认识表现得那么自然。正因为如此，想象力才显得那么重要。天才不仅要有想象力，还要清楚地了解每一个对象在自己作品中的作用，而作为认识源泉的直观表象世界，任何时候都能够为我们提供新鲜的素材，所以想象力才是天才必不可少的能力。想象力可以为天才带来灵感，并适时指引他发现真理。而真理在赤裸裸的现实中极少表现出来，而且，并不会在我们需要的时候正好出现，这就需要想象力来引导，把模糊不清的真理从生活中提取出来。这样看来，那些没有想象力的人因为只拥有直观的感觉，不会联想到其他方面，只能就跟附在岩石上守株待兔的贝类一样，等待着真理的偶然出现并正好被他们抓到，所以，他们很羡慕天才可以像那些自由活动的动物一样随时都能捕捉到真理的灵感。这些没有想象力的人，在真理没有直观地摆在他们面前时，他们只会去研究概念和抽象的东西。但是，概念和抽象的东西并不是认识的关键点，而是认识的外延和现象解释。这样的人除了数学，绝不可能在其他方面有什么伟大的成就。造型艺术和诗歌，就像戏剧中的唱念做打一样，对于没有想象力的人，只能非常有限地弥补一下他们的缺陷；而对于有想象力的人，就是锦上添花。

所以，虽然天才专有的、根本的认识方法是直观认识，但他们并不是只针对事物中的某一个具体的个体，而是抓住了这些事物中柏拉图所说的理念。天才的根本特质是从个别的事物中挖掘出这类事物的一般形态，而普通人只能看到个别事物的本身，因为他们只关注与他们有利害关系的东西，能实现他们意欲的就只有现实，而那些个别事物就是属于现实。我们可以根据某个人对个别事物的观察能力来判定这个人是否是天才，或者距离天才有多远。例如，只看到事物本身的就是普通人；能看出一点普遍性的就比普通人强一点，但离天才还很远；能观察出种族中的普遍性形态的就离天才很近了。所以，天才的真正对象是一个整体，而不是个体，是某种事物的普遍本性、普遍形态。干才则是研究个别现象的，他们的学术研究一般就是以事物之间的关系为主的，例如实用科学。

只有把"认识"当作纯粹的主题，完全不受意欲的控制，我们才能够理解"理念"这个东西。我们读歌德、约翰·保罗的作品时，就感觉自己好像与他们互换了身份，他们所描写的美景就出现在眼前，让我们神清气爽、身临其中。我们能够拥有这种感觉是因为歌德、约翰·保罗完全把他们的认识客观化了。在他们写作的时候，心中的自然风景已经脱离了他们自身的意欲，完全被纯粹化，所以天才的作品都是在本能的驱动下必然引导出来的"结论"，并不是天才本人特意或者随意编造出来的，这种情况就是我们经常说的"才思泉涌""灵光乍现"的时刻。那个时刻，智力完全不受意欲的控制，也不服务于意欲，而是完全解放、活力四射，并自主自发地运行，是非常纯粹的智力状态，就像是能完全映射出世界的一面镜子。在那一刹那，智力已经完全脱离了自己为之服务的意欲，只专注于一个意识，进而构造出一个表象世界，形成一个不朽作品的灵魂。而当我们刻意去思考，完全由我们的意欲去指挥智力的前进方向时，智力就会受到一定条件的束缚，得不到完全的发挥。

一般人的认识总是胆战心惊地服务于他们的意欲，这使得他们眼里只有与他们有利害关系的东西，其他的方面他们一窍不通，这让他们总是被打上平庸的记号，脸上总是带着卑下、庸俗的气息。如果你注意观察那些天才们，就会发现他们的表情都有一个非常明显的特点：智力已经从服务意欲中解脱出来，认知活动高于意欲需求。再加上人的一切烦恼都植根于意欲，而认识本身给人带来的是愉悦，不会带来烦恼，所以，认识高于意欲带给天才的标志就是：饱满的额头和清澈的眼睛。这是因为额头和眼睛不会屈服于意欲和生存，饱满的额头和清澈的眼睛向世人传达了天才超凡脱俗的开心。虽然天才的额头和眼睛总是洋溢着快乐的气息，但他们的嘴边总是显露着忧郁。这样的搭配正好验证了乔尔丹诺·布鲁诺的那句格言："人世间之事，悲中有喜，喜中含悲，悲喜交加。"

植根于意欲的智力，只围绕着意欲而活动，其他的东西都得不到它的认可。所以，只有脱离了意欲的智力——有短暂的时刻是不受其控制的——才能够做到客观而又深刻地认识这个世界。如果不能脱离意欲，智力根本就不可能自由活动。不过，如果没有意欲，智力就如同进入冬眠，所以，如果能够保持意欲的活跃，并配合着意欲去认识客观事物之间的关系，那就是最佳的状态。像那些狡猾的人，他们的意欲就很强，时刻保持在活动的状态，满脑子都是意欲和目的，这使得他们管中窥豹，只看到与自己的意欲和目的有关的东西，看不到其他的方面，无法发现事物纯粹的客观本质，错误地认识了这个客观的世界。就好像为了排忧解愁而匆匆出发旅游的人，再美的河流在他们的眼中也只是一条直线，再壮观的桥梁在他们的眼中也不过是横切河流这条直线的小线段。一心只为自己营利的人，这个世界在他的眼中跟战场没什么区别，这样的人哪有闲暇顾及周遭美丽的风景呢！虽然这两个例子夸张了点，但并不偏离事实，只要意欲强悍一点，就会产生这样失实的认识。只有智力摆脱意欲的控制，不被意欲支配，自由飞翔、精力旺盛，才能看到世界真正的颜色和状态，才能发现各种食物纯粹的客观意义。当然，按道理是不可能出现这样的状态的，这是反自然的，正因为这样，当概率极低的这种状态的天才出现的时候就显得非常珍贵。也只有天才才能经常出现这样的状态，并能够保持下来；普通人只能是有点接近这种状态，当然也有偶尔能出现这种状态的人。约翰·保罗在《美学基础》第十二章中曾说天才的本质就是深思熟虑，我想道理就在此吧。也就是说普通人的生活就像是在市场中卖东西的人只能关注到自己眼前和周边的情况，无法顾及更远一点的市场状况，整个市场的热闹完全被他们屏蔽掉一样，他们只关注自己的意欲，满脑子都是跟自己生活有关的事物和事件，完全无法客观地去认识世界和事物。而天才正好相反，他们的智力已经超脱自己的意欲，摆脱人格的利害关系，因而他们能够把这个世界和事物看得非常透彻，能够客观地对待直观表象，并且做到举一反三，融会贯通。从这一点来看，用深思熟虑来定义天才再合适不过了。

正是因为深思熟虑，画家才能把他看到的美景忠实地呈现在画布上；文人才能够把自己的所见所闻以文字的方式清楚地传播给读者，让读者有身临其境的感觉，或者是把普通人只可意会不可言传的事物用文字清楚地表达出来。一般来说，动物是不会深思熟虑的，虽然它们也会思考，但它们只是用思考来判断自己有没有危险或用来寻找猎物的。它们的认识里没有一点客观存在，完全属于主观。它们自以为自己把周遭的事物看得一清二楚，对自己的认识深信不疑。从这方面来看，动物的意识完全是内在的。普通人的意识与它们有相似的地方，但不完全相同，普通人的意识也偏向内在，大部分属于主观范畴。普通人对这个世界和事物只是知其然，不知其所以然；虽然能够看到自己和别人的所作所为，但对自己了解甚少。随着意识清晰度慢慢提升，深思熟虑也从无到有，最后会达到一个高度。到达这一高度之后，有些问题会突然冒出来，像"这一切到底是什么""那到底是怎么做成的"。当然，这样的情况也是偶尔才发生，是很少见的现象，也表明了意识的清晰度处在不同的阶段。就像上面能够想到第一个问题的人，如果能够把这个问题弄清楚，并保持住这种状态的话，就有可能成为哲学家；能够意识到第二个问题并弄清楚的话，就能够成为文学家或者艺术家。所以，想要弄清楚这两个问题，就要保持深思熟虑。要做到深思熟虑就要清楚地认识自己和世界的关系，只有这样才能够弄清楚上面的两个问题。在认识的整个过程中，智力为了获得更高的位置，需要时常摆脱意欲的控制。

在生物的系统中，我们也能看到上面关于天才的现象。生物学把生物分为低等生物和高等生物，认为只要智力和意欲保持一定的距离，就可以验证上面的见解，并且可以互相补充。智力和意欲分开最大的距离，就是天才的水平。在这种情况下，智力摆脱了意欲这个基础，完全可以自由活动，这样，表象的世界就可以达到高程度的客观化。

下面，我想谈谈天才的个性。亚里士多德曾经说过这样的话："在哲学、政治、诗歌、艺术方面有很大成就的人，都有忧郁的特质。"西塞罗说得更简练："凡是天才都是忧郁的。"歌德则以自身的经验来说明，他说："在我感到幸运、开心的时候，我几乎没有灵感来写诗；而当我陷入灾难时，我才思泉涌——优美的诗文也像彩虹一样需要经历一番风雨。就因为这样，所有的文学天才都享受忧郁的感觉。"这些话不无道理，我们可以用下面的事实来证明。意欲本身是非常强悍的，不愿放弃对智力的支配；而智力有时候又对此感到厌烦，因此会想方设法去摆脱意欲对它的控制。摆脱了意欲控制之后，智力有了自由，就向外界寻求慰藉，在这种情况下，智力的能量变得更强大，也更客观。天才之所以总是忧郁，就因为他们的智力很强，能够看穿生存意志的原形，深切体验到作为人类的一种可悲境地，不由自主地有了悲凉的感觉。因此，天才被公认是悲哀的象征，他们就像整天笼罩在乌云下的勃朗峰，突然在某个早晨，天光微亮时，峰顶的乌云尽数散去，朝霞穿透云层，染红了整个勃朗峰，宏伟壮观、震人心魄。同样的，整天忧郁的天才，也会在某个时刻由于精神世界最大程度的客观化而让他们流露出只有他们才能领略到的独特欢乐，所以才有了"人世间之事，悲中有喜，喜中含悲，悲喜交加"的说法。

庸俗文人之所以让人觉得鄙俗不堪，是因为他们的智力没有独立性，总是顽固地依附于意欲之中，被死死地控制着，没有意欲的刺激就无法活动。他们所有的出发点都是为了个人的利益，纯粹是为了满足一己私欲，这也是他们创作那么多粗鄙的画作、庸俗的诗文、肤浅荒谬的哲学作品的原因，有的人甚至为了迎合达官贵族而昧着良心胡说八道。当他们一败涂地时，便又会觉得也许以他们好的那方面的意欲去指导应该会取得成功，殊不知，正是因为自己的意欲才使自己无法走上成功的道路，艺术、文学、哲学等一旦混杂个人私利就无法出彩了，这就是为什么会有"挡住你光线的人就是你自己"这样一句俗语存在。想要让智力保持真正的严肃，创造出真正的作品，就要让智力摆脱意欲的控制，自由活动。他们连这最基本的条件都不了解，还想谈文艺、哲学？

幸好他们还没有意识到这一点，否则不得因无望而自杀了呀！再者，上面所说的"好的那方面的意欲"是属于道德的范畴，而能不能创造出真正的艺术品跟有没有道德没多大关系。创造真正的艺术品需要的是能力，不管是哪一种艺术品，作者能否认真地创作才是胜败的关键。大多数人都是为了自己和亲人的幸福去拼搏，也许他们都能做到这一点，但要让他们在其他艺术方面有所建树就很难了。要知道，所有带有目的、人为的拼搏、努力都不能算是真正的认真，也无法弥补这样的认真，更确切地说，带有目的的拼搏无法取代真正意义上的认真。因为真诚是自然的土壤，离开了真诚就"不自然"了。而且，如果没有投入认真的劲头，也是无法成就任何事情的，这也是天才往往不太会享乐的原因。人的智力和注意力就像总是不停地被拉回到重心位置的钟摆一样，也是可以恢复到真正的认真状态的。看看天才就可以理解，他们只对世界和事物的真相感兴趣，所有的精力都投放在这上面，聚精会神地研究它的最高真理，并挖空心思去寻找再现它的方法，而对其他的事情，只要对付过去就可以了，关于个人的、具体的事物很难吸引他的注意力。这种舍弃个人，只为追求客观世界真理的认真劲头并不是人类的天性使然，也不是寻常的现象，而是超自然现象。

但是，正因为有了这种认真劲儿，才能体现出这个人的不寻常之处，才能让他们创造出寻常人所不能创造出来的作品。对于这样的人来说，艺术、文学、思想才是他们追求的目标，而其他人则是以此为手段去追求自身的利益。由于这些人跟随流行，迎合大众的喜好，在这方面反而更有诀窍，因为这样，他们反而顺风顺水、飞黄腾达，而天才则常常为了客观，不愿迎合大众而让自己穷困潦倒——这也正是天才比普通人更加伟大之处吧。两者的生活虽然有天壤之别，但一般人的作品只是流行一时，而天才的作品可以流芳百世，虽然他们往往是在去世之后才被认可。天才的关注点都不在自己身上，而在追寻客观、真相上，不管是客观的事物还是纯理论，都是如此。有时候，他们并不被世人所理解，甚至会被当成罪人来对待，但这些都无法抹杀他们的伟大。不管在什么时代，舍己为公的精神都是伟大的。相反，一心只为自己打算的人是渺小的，因为他们所有的认识、所有的关注点都只围着自己打转。只为自己着想的人一生都活在他们自己的小世界中，而天才是站在更高的高度来认识自己，是活在宇宙中的。对于天才来说，整个宇宙才是最重要的，他们付出的所有努力都是为了解读它，好向世人呈现宇宙的真相，并且寻找更好的生活方式，因为他们了解整个宇宙对每一个具体的人都很重要。他们就是这样把自己奉献给整体，所以人们才觉得他们是伟大的。那些总是被用"崇高"来形容的真英雄和天才，总是为了全人类的生活而违背自己的天性，舍己为人。这也是那些蝇营狗苟、锱铢必较的人无法成就伟业的原因，像这样的人根本无法成为伟人。

每一位伟人，都有为自己打算的时候，也就是说，他们也有不伟大的时候。歌德通过他的小说《亲和力》中的女主角奥狄莉表达了同样的观点。每一位英雄人物，在那些侍奉他的人的眼里，也有跟普通人一样的地方。别以为那些跟随英雄的人没有能力去评判英雄，如果你有这样的想法，那就大错特错了。

天才也有他的回报。歌德曾经说过："那些一生下来就是天才，或者是努力想成为天才的人，会因为天才本身而让自己的生活保持在最美好的状态。"想想我们瞻仰故去的伟人的时候，大家都会感叹："他好伟大啊！做的事能影响人类这么久！"可见这些伟人之所以伟大并不是因为他们的名声，而是使他们获得这样的名声的原因；他们也以自己能够创造出这样不朽的功业为乐。但是还是有人会鸡蛋里挑骨头，到处找证据想证明这样的伟人对人类并没有贡献什么——我们都知道这样一个事实：那些伟人并不知道自己死后会有这样好的名声——因而这些人就跟那些看到别人家里有一大堆牡蛎壳，自己明明十分羡慕，却偏要说牡蛎壳没有用的人一样愚蠢。

从上面的内容我们可以知道，天才的本质就是原本应该为意欲服务的智力，摆脱了意欲的控制，得以自由活动的结果。所以，很明显，他是违背自然的。也就是说：天才就是不务正业的智力，这也给天才带来了一些不利的因素。为了便于说明作为天才的不利之处，我们且把天才和智力远不如他们的普通人做一下比较。

普通人的智力牢牢地被意欲所控制，只能在"动机"的刺激下去活动。意欲就像是戏台上控制木偶表演的提线，控制着人在人生的大舞台上舞动，而人就像是那些木偶一样被线牵着机械地运动，这也就是大多数人过得枯燥无聊，表情僵硬而又严肃的原因。就连动物也是如此，它们从不会笑，总是板着一张脸。而那些智力从意欲的控制中挣脱出来的天才，就如同那著名的米兰木偶戏的操纵人，他们是唯一知悉舞台上一切的人，也是唯一希望离开舞台坐到观众席上欣赏戏剧的人——这也就是我们说"天才是深思熟虑的人"的原因。就是那些有很强的理解力，又极其理智的圣贤，与天才也有着很大差距，两者是不能相提并论的。圣贤也会深思熟虑，但他们与

叔本华：活出人生的意义
shu ben hua
　　huo chu ren sheng de yi yi

天才不一样的地方就是：他们的智力只是用来思考最好的生活目标和最有效的生活手段，其智力只是顺应天命，用在实际生活这方面，并没有逃脱意欲的控制。因为圣贤都有着非常坚强的韧性，使得他们的智力对意欲非常忠诚，不会去关注与意欲无关的事情，更不会离意欲而去，这样牢固的结合得益于他们对事物的执着。相反，天才常常置身事外，为的是要客观地对待世界的真相，所有的事物只是他们观察和思考的对象而已，所以他们的意欲和智力结合得并不紧密。这也就是人们的行为能力和创作能力差异的关键所在。良好的创作能力基于客观和深远的认识，而想要做到客观和深远，需要智力完全独立于意欲；良好的行为能力需要拥有应用知识、保持冷静的头脑、行事果断，要想做到这些，需要智力永远遵从于意欲的指令。如果智力挣脱了意欲的枷锁，它就不会为意欲服务，不再去执行自然赋予它的使命。例如，有些画家过于沉浸在自己的创作中，忽略了周遭的世界，就连危险已经逼在眼前都没有发觉，只自顾自地作画，最终使自己陷于灾难之中。而那些理智、明智的人就不会这样，他们的智力永远坚守着自然赋予它的职责，能及时发现当时的情势和需求。所以这些人不会像天才那样会做出不合常规的行为，也不会出现失误或做出愚蠢的举动；

不管在什么场合，他们都能做出最得体、最适当的反应。为什么天才会做出那些反常的举动呢？那是因为他们的智力过于专注于纯粹的客观上面，而忽略了意欲的需求。上面是从抽象的角度来解说这两种能力的区别，想要更具体地了解，可以从歌德的戏剧作品《托尔夸托·塔索》中的塔索和安东尼奥的身上找到答案。很多人都认为天才和疯子只有一步之遥，形成这种观点的主要原因在于天才那独有的、反常的"智力与意欲的分离"。不过，我们不能因为这种分离而认为天才的意欲不强，要知道，天才是以激烈、狂热的性格为前提条件的，所以，我们只能用下面的事实，从另一个角度来解说这种分离：行动力强、执行度高的人，不仅要有强大的意欲，还要有足够高的智力，而这正是普通人所没有的。天才的智力会更高一等，远远高出了意欲所能支配的智力程度，是难能可贵的，属于超自然的一种现象，所以能创造出真正作品的人寥寥无几，还不到千才的千分之一。正因为智力的剩余超出了常规，才能以绝对的优势挣脱意欲的束缚，摆脱自己原本的工作岗位，任凭自身的能力和弹性自由自在地活动，这也就是天才创作的本源。

就像这样，天才代表着智力已摆脱意欲的束缚而自由地活动，他们的创作没有一丁点获利的目的，更不要说实用价值了。比如，他们创作的音乐、哲学、绘画、诗歌等都是纯粹的作品，并没有什么实际的用处。"无实用"是天才作品的特征，也是一种勋章。一般人做事都是为了维持自己的生存或者便于自己的生活，而天才是个例外，他们的创作纯粹是创作而已。可以说，天才的作品是生命开出来的花朵，是生存的成就。所以我们在欣赏这些作品时会心旷神怡，暂时忘记了自己生活中的贫穷与困顿，逃离尘世的烦扰。其实，美和实用很难融为一体，例如水果树总是矮小又难看，而那些高大、挺拔的树木却不长可以食用的果实；野地里的蔷薇虽小、没有香气却能结果，而那些绽放在庭院里的玫瑰却不能结果；金碧辉煌的宫殿并不是供人居住的，装饰过美的屋子并不适合人们日常居住。

　　普通人的智力只用在大自然所赋予的范围内，即把握事物之间的关系，以及自己与事物之间的关系。天才的智力则用在认识事物的客观本质上，常常可以揭示世界的真相、启迪世人，这违背了智力的自然使命，所以说天才的头脑并不属于他个人，而属于整个世界。正是因为这样的天赋异禀，其创造出来的东西大多不为世人所理解而毫无用武之地，所以天才往往多灾多难。第一个让天才陷入多艰境地的原因在于他的智力得分侍二主，除了自然赋予它的主人——意欲，它本身也是自己的主人，一有机会它就会背弃意欲这位主人，只侍奉自身这位主人，这样往往会让意欲陷入尴尬的境地，使得天才的行为举止很不合时宜，在普通人的眼中就是一位不正常的人。第二，认识力大大提高，使得智力关注的是事物的普遍性，而不是个别性，这又与服务意欲需要认识事物的个别性相悖。第三，如果天才突然把他们那高涨的认识力全部放在意欲的事物和痛苦上，就会使这些事情过于鲜明，放大成巍峨大山压在天才的身上，让他们很容易就陷入极端之中。下面，我将进一步详细说明：所有理论的成就都是由其发现者倾其一生的精力投注在某一个点上才发掘出来的。由于这个人全神贯注地投入研究，眼里就只有他研究的对象，完全忽略了其他的一切事物。这种高强度的聚精会神，虽然是天才特有的，但有时候也会聚焦到平常生活的事务上，一旦这样的焦点对准这些琐事，这些小如跳蚤的琐事就会像被放到显微镜下面一样，被放大到像大象一样大。这就是那些天才时常会为了一些鸡毛蒜皮的事恼羞成怒的原因，平常人很难理解他们为何会反应如此之大，在普通人看来很稀松平常的一件事，却能让那些天才陷入悲痛、兴奋、忧心、恐惧、愤怒当中。所以，天才缺乏冷静。冷静的人在面对事物时，很清楚自己要的是什么，眼里就只有事物本身，其他的一切都可以视而不见，这也是冷静的人无法成为天才的原因。让天才生活艰难的原因还有一点：过于敏感。这是神经和脑髓活力过于旺盛的结果，也是强烈的意欲带来的。强烈的意欲是构成天才的条件，外在的表现是强劲的心脏搏动。所有这些加在一起，让天才很容易陷入偏激之中，如惊弓之鸟一般，但整个人又很忧郁，脾气犹如六月的天让人无法琢磨。这样的人物我们可以在歌德的《托尔夸托·塔索》中找到。不过，正是因为天才心里极其痛苦，才能够创造出伟大的作品。天才和普通人不一样，普通人都很沉着、冷静、理智，做事直冲目标；而天才则很不稳定，有时他们会陷入莫名其妙的郁郁寡欢之中，有时又会表现得极度兴奋，让人觉得不可理喻。而且，天才时常孤身一人，像他们那样的人太少，所以很难遇到知音，跟普通人又相处不来。因为普通人活着是为了意欲，而天才是为了认识，两者目的不同、所好不一。前者是道德的产物，只与世界保持个人的关系；后者除此还有纯粹的智力，他们是属于全人类的。天才的智力完全脱离意欲，完全在纯粹的客观上活动，这样的思考方式和普通人那种只围绕着意欲转的方式有着明显的区别，明眼人一看即清。俗话说，物以类聚，人以群分。天才也需要与同样的人才能交谈甚欢，他们与普通人的思维方式不同，所以谈不到一块去。正像天才不喜欢普通人一样，普通人也看不上天才那种高高在上的优越感。但是，天才的存在率太低，上哪找天才去？所以，天才只能通过像他们那样的人留下来的作品与之神交，这正应了尚福尔那句话："一个人的品性越优秀，越能免除自己被朋友的恶习所侵。"也许这就是上天给天才的优待，让他们能够免除一切俗务，一心一意投身到自己的创作中去。不过，从那些伟人的传记中我们可以看出：虽然天才能够在自己全然的创作之中感受到极高的快感，但是这并不能让他们在物质生活上感受到幸福，甚至是一生潦倒穷困。而且，天才的所作所为大都不合时宜，甚至违反当时社会上盛行的道德准则或公共认知，所以常常不容于社会。而干才正是应时代的要求而生，与天才正好相反，刚好是社会发展需要的人才。在政治、科学实业上他们都能取得好成绩，自然也能获得很好的回报。但他们的劳动成果不能适应下一代的社会需求，总会有新的人、新的劳动成果来更新换代，他们的一生是有迹可循的。而天才不管出生在哪个时代都无迹可寻，就像是彗星不小心撞进了卫星的轨道中，完全不会遵循卫星的运行轨道而运行。所以，天才不适合从事那些一板一眼、毫无创造力的办公室工作。他们拼尽全力把作品抛到前路上，指引着时代慢慢前行,就像是那些死战到最后一刻的将军将自己手中的兵器奋力掷向敌军一样的悲壮拼搏。干才确实能取得高人一等的成就,但常人也都能明白他的成就,能够给予公正的评价;而天才的成就常人无法企及,也理解不了。打个比方,干才就像那力气很大的神射手,能够射中一般人都射不到的箭靶,而天才比他们更厉害,射中的地方远得他们同代人都走不到,只能由他们的后代子孙接着走才能走到那个地方。到那个时候,人们才相信、认可天才的能力。歌德在《教育书简》中就这样说过:"学习、模仿是人的天性,但人们往往不承认自己是在模仿。世间最难得的是伯乐,能够与天才齐肩的人也不多。"尚福尔这样说:"鉴定人才就好比鉴定钻石,体积、纯度达到一定的程度之后会有一个固定的参考价格,但是超出这个范围之后就是无价之宝了,既没有市场也没有买主了。"培根也说过:"低等的道德很容易得到人们的认可,中等的道德将会收获他们的钦佩,但高等的道德则得不到他们的理解。"总之,这是一个平凡、庸俗的世界,天才的作品很难得到同时代人的认可、欣赏,大多都是在天才过世之后很长一段时间才得到肯定和追捧。就像无花果、波斯枣那样,在新鲜、色彩鲜艳的时候并不能吸引人们的目光,反而化身干果之后才被人们食用。

最后，我们来看看天才的身体方面。天才有着很多解剖和生理上的特征，虽然这些特征不会集中在同一个天才身上，但是任何一个特征都会非常显目，而且，这些特征也可以向我们解释为什么天才总是孤立或多灾多难的。天才的根本前提条件是敏锐的感觉能力，这也是男性必备的生理特质。而且，他们的大脑系统已经完全从神经节系统中独立出来，并与神经系统完全对立了，这样，他们的大脑才能得以在身体中过上明确、独立、有活力的寄生生活。因而，他们的大脑就会对身体的其他部分起反作用，也会在它无止境的活动中将身体的机能消耗殆尽，除非他们的身体构造很好，有极强的生命力。所以，良好的身体构造和强大的生命力也是天才的前提条件。此外，胃和大脑也有着特别的紧密关系，两者需要协调一致。这样看来，一个健康的胃也应该列入天才的前提条件中。不过，最主要的前提条件还是要有超常发育的大脑，特别是比小脑大很多、宽度很宽、而高度比宽度稍微小一点的大脑。毫无疑问，大脑和其他各个部位的形状也是很重要的，只是现有知识还无法对其做精准的解释。现在我们只能确定头盖骨的形状可以帮助我们判断一个人的智力是否高，第二点可以确定的是拥有非凡智力的人的脑髓质地非常完美、精细，都是由最细腻、最敏锐的神经物质所构成。我们还知道大脑中的白质和灰质的比例也有很大的影响，虽然现在还无法解释，但下面的例证可以证实这一点。拜伦的尸体解剖报告中显示：拜伦的脑髓重达6磅，白质比灰质多很多。而乔治·居维埃的脑髓重5磅，要知道，我们一般人的脑髓仅重3磅而已。脊髓和神经正好相反，越纤细越好。头盖骨也以薄为佳，要是能够长成高耸、宽阔的圆拱形最好。脑髓和神经系统都是遗传自母亲，但是，如果没有遗传父亲的活力和狂热，恐怕也成就不了天才的气质。天才的气质是由血液循环，尤其是流向大脑的血流量引出的，也就是说天才的气质是由心脏的这种特殊力量来决定的。首先，脑髓固有组织是一种不断膨胀的存在，由于它不断地膨胀而使得脑髓总是挤压脑壁，因此，一旦我们大脑受伤，就会有脑髓从那里迸出。其次，心脏的搏动也给脑髓带来某种内部运动，这种运动与大脑随着呼吸一起一伏的持续运动不同，当心脏搏动时，四条脑动脉随之搏动，脑髓也会跟着震颤，此时所产生的能量与增加的脑髓量一样多。可以说，这种运动是脑髓活动必不可少的条件。血液流经的距离越短，送到大脑中的热能就越多，所以个子矮小，特别是脖子短的人智力会更高，这也就是为什么那些伟大的思想家之中很少有身材魁梧的。但这并不代表矮小就是必要条件,它仅是充分条件而已,像歌德就比较高。这个血液循环系统就是遗传自父亲,如果没有它,大脑组织再好,也仅仅是具有天才的潜质,空有良好的理解力而已。这种理解力也许在某些场合会在黏液质的无情、冷漠等气质的影响下放大,但他们并不算是人们所说的那种"黏液质的天才",他们还称不上天才。之前我们说过,天才在性格上有着种种缺陷,这些缺陷其实大部分都遗传自父亲。而如果只遗传了父亲的性格,没有遗传母亲的智力,就会成为一个智力平平、冲动暴躁的人,没有了智力的引导,就只有热,却发不出光。在一家的兄弟中,如果有天才的话,通常都是哥哥,康德就是一个例子。这是因为母亲在怀上第一个孩子时,父亲正处于年轻力壮、激情四射的时候,即使母亲这方会因为一些不利因素而不能遗传,也还是在怀第一个孩子的时候状况最好。

在这里,我还想说说天才的孩子气性格,也就是关于天才与儿童期的相似性。在儿童时期,脑髓和神经系统的发育远远早于其他的身体部位,占有决定性优势,这与天才的情形相同。实际上,人到7岁的时候,脑髓已经完全发育了。毕夏在《论生死》中这样说:"在儿童时期,神经系统远远大于肌肉系统,这是神经系统的鼎盛时期,过了这个时期,其他所有系统都要超过神经系统,所以,

叔本华：活出人生的意义
shu ben hua
huo chu ren sheng de yi yi

为了了解清楚神经系统，我们应该选择儿童作为研究对象，这已经逐渐成了常识。"而生殖系统是最晚发育的，到了青壮年时期，它才算是发育完全，它的感应能力、生殖作用等才真正全面发挥作用，甚至超越脑髓的功能。所以，小孩子一般都手脚灵活、富有理性、聪明好学、可塑性高，比成年人更有兴致去探索知识，也比成年人更适合去探索知识。由于神经系统比较发达，儿童的智力远高于喜好、欲望、情欲——也就是人们所说的意欲。这是因为智力与脑髓是一体的，就跟生殖系统与最强烈的欲望是一体的是一个道理，这也是我把生殖系统称为"意欲的焦点"的原因。在儿童时期，生殖系统的可怕活动还没有睡醒，而大脑的活动已经很发达，所以，这一段时期是人一生中最纯洁无邪、最幸福快乐的时期，是我们这一生中的伊甸园所在，在之后的人生中，我们往往会回头眷恋这一段时光的美好。儿童期的幸福感之所以这么强，是因为在这个时期我们的整个存在都是在认知，而不是出于意欲的状态。这样的状态让我们时刻都觉得新奇，觉得眼前的世界在生命的晨光中闪耀，充满了魅力。当然，在儿童时期也不是没有意欲的活动，像那些小愿望、摇摆不定的爱好、淡淡的忧愁等也还是会有的，但这些比起占有绝对优势的认知活动，简直不值一提。所以小孩子才会拥有我们都爱极了的清澈无邪的眼睛，有时还能在他们的脸上看到那种伟大的静思神情——拉斐尔就抓住了这样的表情，创作出了美丽动人的天使画像。正是因为他们没有意欲，才能够拥有这样高贵纯洁的神情。

我们可以从上面的论述中总结：精神能力要先于它服务的意欲发育，这也是顺应自然的一种现象。在这个智力占优势的儿童期，本身对世界及前景一无所知，但大脑比较活跃，一刻不停地收揽周围的现象，贪婪地吸收一切，为了自己的将来做着周密的储备——这就跟蜜蜂为了未来的需要而酿了远远超过它自己的日常需要的蜂蜜是一样的道理。放眼整个人生，青春期以前所学到的知识量确实比之后的阶段所获得的知识总和多得多。在儿童时期，可塑性也占有绝对优势的比例，当它完成自己的工作之后，就把力量转到生殖系统上来。这样，当青春期到来时，情欲就开始冒头。从这个时期开始，意欲就慢慢超越智力成为主导。从心理学的理论来说，这个过程就是从求知欲强、钻研理论的儿童期进入到躁动不安、阴晴不定的青春期，之后再进入到严肃、狂热的壮年期。儿童期之所以能够保持天真无邪、聪明睿智，就是因为那个时候情欲还在沉睡之中，以认识为主导，意欲臣服于认识之下，状态很平稳。说到这，关于儿童期与天才的相同之处已经不需要我再多做说明了吧！总之，他们的相同之处就在于认识力非常充足，除了满足意欲的需要还有剩余，以绝对的优势居于主导地位。事实上，每一个孩子在某种程度上都是一个天才，而天才从某种程度来说也是一个小孩。这两者都非常淳朴、纯粹、客观，而这正是天才的基本特征。里默曾经在书中说过："有很多人，包括黑格尔在内，都批评过歌德，说他像个大孩子。"他们的话并不是没有道理，但如果因为这个而去批评歌德的话，就太没道理了。此外，莫扎特也被人评价一辈子都像个小孩子，舒利希格罗尔在给莫扎特的悼词中这样说："在艺术上，他早就成熟了，但在其他任何一方面、任何时候都像个小孩子。"是的，在天才的眼里，这个世界就是个大舞台，他们只是以观众的身份客观地欣赏，单凭这一点，他们就是十足的大小孩。而正常的普通人只会关注自己的个人利益，眼中只有能引起自己行动的动机，所以，这些人总是板着一张脸，一副严肃相，而这表情是不可能在天才和小孩的脸上看到的。人的一生中，如果不能保持一点孩子气，总是板着一张脸，枯燥无味地只知道工作挣钱，随时都能够保持理智、成熟，也许他会是个有用、能干的公民，但绝不可能成为一个天才。天才之所以能成为天才，是因为他们一生都能够保持儿童期那种感觉系统和认知活动占据绝对优势的异常状态,而这种状态普通人只能维持到青春期。像我们常常在学生的身上看到他们那种为了纯粹的精神而努力的状态,也很接近天才的状态,但是他们的这种状态并不能维持多久,一成年就跟普通人一样,一心只为名利,从而回归到普通人的轨道中去,他们这种世俗的表现让那些只见过他们学生时期的人感到很惊讶,不理解他们为什么会变化这么大。歌德在《亲和力》中有很妙的一句话可以佐证这样的状态,他说:"小孩子不会去遵守自己许下的诺言,年轻人也很少实现承诺;但是当他们信守诺言时,整个社会却对他们背信弃义了。"这个社会总是承诺要把荣誉的王冠戴在那些对社会有贡献的人的头上,然而最终总是为了实现社会的下等目的而把王冠戴在那些沽名钓誉的人的头上。每一个人都曾经年轻过,每个人也都曾经拥有青春时乐于学习、善于领悟、认识力极高的纯粹智力。这种智力在儿童时每个人都有,但到青春期的时候,很大一部分就消失了,到成年后,连剩下的那少部分都像美好的青春一样消失殆尽。只有极少数的得天独厚的人才能够一生都保持着这种状态,即使年龄大了,也还是能够从他们的身上找到天才的特征,这样的人才是真正的天才。

前面已经说过，儿童期的脑神经系统是最发达的，智力也是极高的，但是到了青春期之后就会慢慢变弱。这不单单是人独有的，在猿猴类的动物身上也有明显的表现，从中我们可以得到重要的说明和证据。年轻的黑猩猩是猿猴中智力最高的，但随着它的成长，类人的面貌和惊人的智力都消失不见了，取而代之的是一副动物的长相，前额向后退去，脖子上的肌肉增厚，向下耷拉着，头盖骨的形状与一般的动物无异，肌肉异常发达，其结果就是神经系统不再那么敏感。它们的这种成长状态似乎在告诉人们：它们的生活只需要足够的肌肉力量，不需要过多的智力。弗洛伦斯在针对弗里德里克·居维尔所写的《自然志》的书评中也有关于这方面的论述，他说："猩猩的智力发育得很早，也很高，但是会随着年龄的增长而逐渐衰退。我们常常惊讶于小猩猩的聪明伶俐、机敏过人，但大猩猩总是粗暴难驯、猥琐不堪。猿猴类的动物跟猩猩一样，都是随着年龄的增长，体力越来越强，而智力越来越低。智力最高的动物也是一样的，也只是在年轻的时候才能拥有全部的智力。"他在里面还说道："不管哪一种猿猴，它们的年龄和智力总是成反比，就拿婆罗门教的'神猿'来说，它小的时候，前额宽阔，嘴巴并不太突出，头盖骨也高高的，很圆；长大之后，前额就向后面退缩，嘴巴就显得特别突出，品性也由原先的聪明伶俐、温顺而变得凶残暴躁、反应迟钝、孤僻不合群，变得很恶劣。"居维尔表示："这种变化太大了。按照我们以往的做法，根据我们人类的行为来评判动物的行为这个标准来看，动物的'儿童期'也具备它们自己种族的所有道德素质的阶段，而成年之后除了身体力量就没有什么智力品德而言了。但造物者对待动物又有所不同，动物有大自然既定的生存范围，它们无法突破，所以，在它们没有足够的体力之前赐予它们智力以供它们生存，一旦它们的体力强壮得足够生存时，其他的功能就退居其后，没有效用了。"他还说："种族的存续不仅要有好的身体素质，也要有高的智力水平。"最后这句话正好印证了我的观点：智力和锋利的爪牙一样，都是服务意欲的工具而已。